काव्यांजलि भोर

काव्यांजलि भोर

जगराम सिंह

GenNext Publication

काव्यांजलि भोर

ISBN: 978-93-5324-180-3

भारत सन् 2019 में प्रकाशित

जेन्नेकस्ट पब्लिकेशन

5, अंसारी रोड, दरियागंज,

नई दिल्ली–110002

Phone : 9811692060

ई–मेल: gennextpublication@hotmail.com

मुद्रित: जी. प्रिंट प्रोसेस, दिल्ली

प्रशस्ति

'काव्यांजलि भोर' जगराम सिंह द्वारा रचित एक ऐसा काव्य संकलन है जिसमें दोहा और कवित्त छन्दों के माध्यम से ईश्वरभक्ति, जीवन उत्थान, विश्व कल्याण जैसे उदात्त भावों के साथ आध्यात्मिकता का समावेश किया गया है। आज के समय में कवित्त जैसे कठिन छन्दों में लेखन प्रायः कम देखने को मिलता है मगर जिस कुशलता और समर्पण के साथ काव्य सृजन किया गया है निश्चित ही वह प्रेरक और हृदयग्राह्य है।

मुझे यह जानकर अत्यंत हर्ष हुआ कि स्वयंसेवक, राष्ट्रसेवी, समर्पित प्रचारक श्री जगराम सिंह जी में एक प्रखर काव्य प्रतिभा भी है। अपनी समस्त जिम्मेदारियों का निर्वहन करते हुए व्यस्त जीवन से काव्य सृजन हेतु समय निकाल पाना कठिन है मगर जगराम जी ने यह कौतुक कर दिखाया है इसके लिए वे बधाई के पात्र हैं ।

मुझे विश्वास है कि साहित्य जगत उनकी साधना, श्रम और समर्पण को अवश्य सराहेगा। मैं पुस्तक के रचयिता और प्रकाशक को अपनी अनंत शुभकामनाएँ देता हूँ।

पद्मश्री डॉ. सुनील जोगी

उपक्षेप

'काव्यांजलि भोर'

भारतीयता के साधक, संघ प्रचारक श्री जगराम जी की लेखनी ने जब काव्य सृजन के संकल्प को शब्द रूप में अंकित करना आरंभ किया तो ईश्वर भक्ति, जीवन उत्थान, विश्व कल्याण, आध्यात्मिकता आदि के भाव जैसे मूर्त रूप लेने लगे। सामान्य रूप से सृजन मानव मन की स्वभावगत प्रवृत्ति है, प्रकृति का वरदान है। यदि यह सृजन काव्यरूप में हो तो अभिव्यक्ति अनुपम एवं दिव्य हो जाती है।

सामान्यतः सृष्टि में सृजन को प्रकृति ही आधार देती है! रचनाकार का सहज सरल होना आवश्यक होता है जो कि प्रकृति के सान्निद्ध के द्वारा ही संभव है। भोर प्रातःकाल की वह बेला है जब रात्रि का अंतिम प्रहर का अंधियारा धीरे-धीरे सूर्योदय से पूर्व (ब्रह्ममुहूर्त) के प्रकाश में विलय होने लगता है। चहुँ ओर दिव्य चेतना का सागर हिलोर लेता अनुभव में आता है! जो आशा, उल्लास, उमंग का प्रवाह वातावरण में होता है वैसा ही अनुभव संवेदनशील अन्तर्चेतना में भी होता है। शान्त सात्विक मन ऊर्जा से भरपूर और ऐसे में कविमन के भावों को दोहा या कवित्त छंद के माध्यम से अभिव्यक्त किया जाए तो सृजन को 'काव्यांजलि भोर' कहना सर्वथा उचित होगा। ऐसा भाव केवल प्राकृतिक रूप में ही नहीं किसी भी प्रहर में मन के भावों या रचनाकार के अंतर में भी घटित हो सकता है।

श्री जगराम जी राष्ट्रीयता की भावना से ओतप्रोत व्यक्तित्व हैं जिनके अंतर में समाज सेवा, मानव कल्याण के माध्यम से विश्व की भावना का

होना सहज और स्वाभाविक दिखाई देता है इसीलिए उनकी रचनाधर्मिता के आयाम स्वाभाविक रूप में सहज एवं सरल हैं। 'काव्यांजलि भोर' दिवस के आरंभ के समान रचनाकार के काव्य सृजन का एक आरम्भ है।

गजेन्द्र सोलंकी
(कवि)

(1)

जीवन क्षिनु भंगुर इहइ, मानि न सो पगु तान।
क्षिनु क्षिनु मनु सत्काजु करि, अंत जौ करिअ महान।।

आसा तनु अरु कलपुना संगहि लेइअ विराम।
जबहिं मौतु आवहिं निकुर, होहि सबुहि कइ साम।।

अगिनि देवता विदितु जगु, को नहि जानत ताहि।
तदपि सवइ सुर बसहिं हिय, इहइ लोकु मन माहि।।

अज्ञानिन कइअ देवता, बसि मूरत पाषान।
ज्ञानी गुनि कहु सकलु महि, कनुकनु बिच भगवान।।

सांचिहि जगतु महानु इक, मिथ्या दूजेहि जानि।
विजय श्री पगु मलइ सदा, जौ चढ़ि सांचि विमानि।।

मन चंचलु अति बावरो, चढ़हि सीस नर याहि।
घाटु घाटु सुख आने विलमनु देय न ताहि।।

धनु नातुइ, घरु, कार, सबु मिटन हार जगु मांहि।
धरमु अमिटु एकुई जगतु तजइ प्रानु संगु नाहि।।

श्रवनहिं बलु पुरजोर नर, जिहिं बलु पावहिं ज्ञानु।
हितु अहितु निज जानि सवई करइ जनमु कलयानु।।

होनी तौ जगु अटलु है, टारि सकइ नहि कोय।
ग्रसहिं सकलु तन जकरि कइ, चाहि कितनु बलु होय।।

सबइ भखत जिउ मीचु इकु जगतु रहतु दिनु रैन।
ऊंच काजु करि सफलु जनमु, विसरि न उघरइ नैन।।

करमु बड़ो फलु मधुर जगु , वेद कहतु परमान।
सगो मीतु परलोक महुं, सालि न भायहु बान।।

जौ परहित रत रहतु तन तेहि मिलइ चिर शांति।
तेइ भोगहि सुखु इह पर, कटइ फंदु भव भ्रांति।।
इंद्रिय संयम जीवदया, जिनि तइ होई सुबुद्धि।
सहजहिं पावहिं परमुगति, रहहि नहि तीर कुबुद्धि।।

करमु चालु न जानि परइ, करइ ऊंचु अरु नीचु।
क्रोध लोभ, मोह, घिरना, इहइ करमु कई मीचु।।

जबइ तजइअ कुकरमु सबइ, बांहि गहिइअ सत्काजु।
मीतु बढ़हि जरि दीपु तनु होहि सुगंध समाजु।।

सुमन महकु तिलु तैलि तनु, अनलु, काठु, घृत क्षीर।
ईख बसहि अंतर गुड़उ, जानि भाउ न शरीर।।

अजरु आतमा बंसहिं तनु, दीखु परइ नहि काहु।
अंतरु सेंहि पहिचानु जड़ु, जनु चाहउ हिय जाहु।।

देव बसहिं हिय भावना, मूरत मंदिर नाहि।
जगतु सहारो भावना, जोइ दृष्टि सोइ पाहि।।

मूरत चाहइ काहउ कइ, विनु मन श्रद्धा निर्मूल।
काजु परइ नहि सारिहइ बिनु भगतिहि लगि सूल।।

जिय चहउ फलु सरगु सरिस, मलि मलि करउ पुनीतु।
तपउ भावना कनकु सई, उजरु करइउ सुनीतु।।

विषय भोगु अरु वासना, सबई कुंपथन घाट।
नेहु, सुभाषित, सचु क्षमा, करइ पार गहु पाट।।

जौ चहउ आनंदु भलुइउ तजउ दुर्गुनु हरषाय।
सेवउ तनु सद्‌गुन छंउ तरि, जनमु सफलु हुइ जाय।।

जगतु मति गति चलइ संगु, सहजहिं विधि अनुकूल।
विधिनहु पालहिं मुदितु मन, प्रकृतिउ फरहिं समूल।।

जिन्हु उर अंतर सरगु नरकु, जानहिं सांचउ भेदु।
तेइ पंडित थोरउ सकलु, जानइ मरमु अभेदु।।
हरि समरथ कर डोर जगु, सबइ नचावन हार।
पलटि देय क्षिनु भागु मुखु, करहिं क्षिनु महुं उद्धार।।

जिन्हहि किय जननी लक्ष्मी, जनकु विसिनु भगवान।
सबइ भगतु भ्रातहिं दरसु, लगि तहुं सरगु समान।।

दानु हिया मुख मधु बचन, धीरजु धरमु संस्कार।
विकइ हटु नहिं मिलइ गुनिन, पुरब करइ चमत्कार।।

दहकि अगिनि जरि राखि भइ, रहउ मधु पात्र कुपात्र।
तिरथु नहाइ न पावु धुलि, तनु नहि बनहि सुपात्र।।

भोजु मौनु इक बरसु तकु जौ करि मनु चितलाय।
कोटि बरसु सुखु सरगु जिउ, सुखु कपाटि खुलि जाय।।

प्रकृति जाअ फलु मूलु भखि तजि इहु जगु रहु दूर।
करइ नेमु तइ हरि भजनु, भगतु, विप्र गुरु, पूर।।

एकु बेर कुइ अहार पइ, जिन्हु मन हुइअ संतुष्ट।
सोइ विप्र वर शुचि दीरघु, प्रभानु सुजानु विशिष्ट।।

जिन्हहिं अहार क्षुधित मुख, कोषु विप्रन कंउ दानु।
ऐसिन पइ हरि रीझतंहि, वारहिं सरगु महानु।।

दानु, भजनु तीरथ गमनु नहइ संतनु सम्मान।
धन हितु सूर कुकरमुरत, जियतुइ शव पाषान।।

उलूक दिवसु करीनु फलु, चातकु पावसु व्यरथु।
टारइ जिहुं विधिना सुअंकु, टारि न जगतु समरथु।।

दानु मरमु, मधुवचु धरमु, विप्र अतिथि शिव पूजा।
धीर, शीलु सुसोचु विपुल, संतु अस नहि दूजा।।

सुमेरु कलपतरू सिंधु, रवि, चिंतामणि, निर्वलु, धेनु।
मोलि सकइ नहि हरि सबइ, कोटि खोटि अस रेनु।।

जन्मु, मीचु धनु, भाग, विद्या, गर्म अमिटु सिखि जातुइ।
जौ लिलार हरि लिखिदयो, तउन कबहुं विलातुई।।

काटइ तमु हरि ज्ञानु सबु क्षिनहिं मिटइ अभिमानु।
कटइ फंद भव सिंधु कइअ, होंहि आनंदु प्रमान।।

जनमु, मरनु जानिअ अटल, धूप छांव कउ खेलु।
जितते विलमउ विलगि छवि, परइन पंथउ शैलु।।

चक्षु, श्रवन, त्वचि, जिभ्य, नासिक, इहु माया कइ द्वार।
कर, पंगु, मुख, लिंगी गुदा, जितइ सोइ भव पार।।

कामु क्रोधु मदु लुभि मोहु, इन्हु करि बनउं न कंदु।
तइ पंथु भटकि कहाहि नर, भोगहि, गौ बधि फंदु।।

कबहुं न पापिन संगु चलउ संतु गुनिन वर लेहु।
धरमु करमु करिं जनमुभरि, अंतु सरगु उर सेहु।।

जिइ प्रानिन पइ करिअ दया, जनसेवा बिनु चाहु।
ज्ञानु बिनहिं गेरूअ बसन, सोइ संतु जगु आहु।।

दंतु, बसनु, भोजनु, सबहु, जिन्ह कइ रहहिं मलीनु।
उदय अस्त रवि सोइअ जिनि, तजि श्री जानि कमीनु।।

ज्ञानहिं कूप अथाहि भरि, अंकुन पावहिं कोय।
जितितहिं अंतर घुसि रहउ, तिततहिं आनंदु होय।।

ज्ञानु धर्मग्रंथनु कंउ गुनहु, पढ़िवे ते कछु नांय।
जैसइं भोजनु बिनु भखई, स्वादु न जानिउ जाम।।

करमु यथारथु जानिअइ, धरमु आदर्श प्रमानु।
भजनहिं ते नहि मिलइ गति करमु पूजि सनमानु।।

करमुहि पूजा कहतु संतु, इह बिनु फलुअ असार।
होइअ सहाय जबइ हरि, जबइ करमु बलिहार।।

धर्म अर्थ कामु मोक्षु इहइ, पुरुषारथु कहलाय।
होइ न जतनु फलु हितु तनु, व्यर्थहि जनमु गंवाय।।

• • •

(2)

भली मिताई जगतु बिचि करहि कलप सइ छांव।
रोम रोम पुलकित लसहिं, जनु मधु गातहिं ठांव।।

सुखु दुखु महुं भागिअ, बनइ, ढीठि मिताई रीति।
मानि आपुनो कुटुंब जगु, करहिं अतीतहिं प्रीति।।

मिलइ सद्गुनी मीतु जबई दइअ सदा सुखु शांति।
जउ कहुं मीतु मिलई बुरो, बढ़हिं दरदु बहु भांति।।

जेहि बोलहिं सन्मुख अमिय, पाछि करइ तन घांव।
ऐसुइ मीतनु संउ बचउ, कबउं न बरतउ ठांव।।

ऐसइ दुमुहे मीतु सबु बनति बिगारहिं काजु।
इनतंइअ तउ भलि संतु अरि, जउन चहंइ तव राजु।।

झूठइ दगा बाजन पइ, राखि न नेकु विश्वासु।
हिया गांठि नहिं खोलि मुखु उगलि करहिं जगुहास।।

करउ मिताई समवया, जउ चाहउ सुखु ढेर।
दीरघु लघु सालुइ हिया, जनु सिर सैलहि डेर।।

धनी अंगु लिपटइ विपुल, कुटिल स्वारथी नाग।
जानि मूढ़ निज काजु रचि, देय कुटीरहिं आग।।

स्वारथु बसहिं मिताइ मन चहुंजनि जैसइ होय।
बिनु स्वारथु नहि धरहिं डगु, कहतु सांचि सब कोय।।

सुख कइ तउ संगी मुलक, विपत न कोउ सहाय।
सांचिअ परिक्षा मीतु कइ, जउ दुख गाढ़ो आय।।

जिइ कांधव दिअ विपत महुं, सोइ जानिये मीत।
हिय चपेटि राखहु सदा, तजिये कपटिन प्रीति।।

लोहु कवचि भलि मिताई, राखत आंगनु मान।
विपत न फेरत मुख कबहुं जैसइ भ्रातहिं बान।।

सम विचार सम कलपना, सम आर्थिक संजोग।
रहहि मिताई अटलु जगु, जब तक रवि शशि जोग।।

संगत परभाव परत मन, कबहुं न असंत निबाहु।
नीम चढइ तन मधु लता, पागि कसाय उछाहु।।

स्वेदु गिरइ इक बूंद जहं शोढ़ित तंहु बहावै।
सोइ मीतु जगु मंहि भलुइ, नाहि तउ मच्छ सुहावै।।

जेहि कुदृष्टि परि मीतु गृह, स्वादु चखनु ललचाई।
पापी तउ दूजउ नहिअ, पयमुख उरहिं कसाइ।।

संतु मिताई किअ घरी, छानइ जैसइ नीर।
स्वार्थ हित जेहि प्रीति मति, परइ अंत जग तीर।।

कांधि उपरि सुत निकसि जबु, मीत बतावइ संत।
कुटुम्ब कुंज मुसिकाई नित, कबहुं न जाई सुगंध।।

निज सुत सों भलु मो तु जगु, कबहुं न पावहि कोय।
करहु प्रीति लगि कठुपरसि, दारुण दुख नहि होय।।

सुभग गनी कइ प्रीति मधु, मिलई अनंदु अपार।
कबहुं न मलिये लोन मुख,रहनु देउ व्यवहार।।

मिलइ मीतु सांचुइ जबंइ करहिअ भवसिंधु पार।
सबु सुखु दुखु हंसि गहि लइअ, पलकन लहिअ अवार।।

• • •

(3)

जगु माया कउ जालु हइ, रहुदिन रैन सचेत।
सरगु मिलइ हरि नामु तई, करउ करमु नित खेत।।

विपत कालु सनमुख रखउ, अरु धन धरउ चपेटि।
दगा करइं अवसर चुके, परइ अकालइ फेंटि।।

सेज नटी परसत जननि, काजु सचिव तन चेरि।
तिहिं दारा सांची भली जिहि चारिउ गुन ढेरि।।

नृप, दारा, गुरु, व भार्या, सुहृदय धर्मिनी सासु।
जिन्हहि जइ पूजि जननि सम, करहि सकल भव पासु।

बंधन तउ अनगिनत हइं, प्रेमु बंधि अलिबेलि।
कबहुं न छूटत जिहि बंधे, छोरत परइ नकेलि।।

सुमन पांख हिय चीर अलि, मधु आनंदु धंसि जाय।
वासना किहिअ फेरि मंहु फेरि न बाहरु आय।।

जिइ हरषत मुख मीन लखि तइ पागलु जगु ढेर।
प्रेमु जालु विंध आंधरे, नचइ करि सुनि टेर।।

जिनिअ नारी व्रत करि विधि बिनु अनुसासन पीउ।
सोइ कंतहि अल्पायु करहिं मुख सपनेउ न घीउ।।

तीर्थ दानु जपु तपु भगति, कोउन सरगु सहाय।
बिनु पिउ परमेश्वर जुगति, भामिनि सरगु न पाय।।

तिरिया कइ महिमा विलगु, क्षिनमहुं बसि करि लेहि।
हाट नचावइ सैनिसई चाम मारि तन देहि।।

झूठि बेइमानी ठगी, धोखा लालच क्रोध।
दोषु बसहिं तियहिय अकथ, देंहि सुजानहि बोध।।

जिंहि नारी शुचि, पटु, व्रता, सत्य बचन, पिया प्रेमु।
तिन्ह गेह हरिप्रिया बसहिं, रिधि, सिधि विलमइ नेमु।।

श्री चपला नीकी भली, चाह करिअ सनु कोय।
बिनु पाषइ पछिताइ जगु, पावइ पइ सबु रोय।।

तरुनाइ तन मादकता, केहि न करइ अधीन।
मरकट बनि नाचइं बीथि, चरननु हुइअ विलीन।।

पयमुख कटु विष सरिस मन, कहि गअए सबु सयानि।
जाहि मति गति अटि अटि, डसइ न छांडि बयानि।।

कुचन गोवर्धन बिचु हिया, फंसि लइअ घनश्याम।
सामति कउ नर वापुरो, जिहुं श्वानु चटि न चाम।।

नारी तउ नारी जगतु, बिनु नारी नहि गेह।
होनी अनहोनी जननि, बिनु किरपा नहि देह।।

जिन्हहिं हिया सद्गुन बसहिं सोइ करइं कलयान।
अवगुन जिन्हहिं नचावहीं, सोई करइं निष्प्रान।।

मुसुकराइ बरसहिं सुमन, हंसइ उपल उपहार।
तनइ भृकुटि पावकु जरई, अट्टहासु तन उजार।।

निरखइ छबि मन मोहनी, उर चपला सइ प्रीति।
रमत घरी डुलइअ सजत, भसम होतु यहु नीति।।

सिसुहिं बनि खेलउ खदा, धरउ नहि मनु आसक्ति।
होइ जन्म जन्म कल्यान तव, मिलइ मोक्षु अटल भक्ति।।

• • •

(4)

सबइ जुरइं इक डोर तइं, जिंउ जानिअ परिवार।
मिटइ रारि तन हुइअ सनिल, बिनु मन मैलि गुबार।।

भले बुरे बिचि जानिहहिं अंतर चतुर सुजान।
जियतु मरतु सुखु सार गुन, जनु संतनु कउ ज्ञान।

कहु सबद जोइ भलि करहिं, समुझि लेइअ संसार।
होहिं सद्गुनी कुटुंब सबइ, मलइअ जबइं बयार।।

जिंहि गुह भामिनी दुर्गुनी, मुंहफट चाकर होय।
जिनि पलुना सोवहिं भुजंगु, भागु तान पगु सोय।।

सांचुइ मीतु कुटुंब सोइ, जउन तजिअ निज धीर।
तन, मन, धन, सबु वार कइ, सहइं घाव गंभीर।।

जिन्हहिं पूत निज बसि रहइं समरथ आज्ञा हेतु।
तइअ कुटुंब सरगुइ सरिसु नेहु शांति सुखु सेतु।।

जिततइं पागलु जगतु नर, भोगहिं दुख करतूति।
अनरथ तरूनाई करइं, जरइ न बचइ भभूति।।

जउ चाहइं सुखु संतु जन, देअ ध्यानि संतान।
देहि सद्गुनी ज्ञानु हंसि, जेहि करइ कलयान।।

नामु कुटुंबु कउ होहि तबु, जबु करि सुत सतकाजु।
ज्ञानी, गुनी, सुशील सुत, राखइं मानु समाजु।।

तइ पितु मातु जगरिपुवर, जिन्हहिं पूत अज्ञानी।
तिन्हहिं मिलइ दुख जनमु भर, जिंहु मीन बिनु पानी।।

मातु पितु किअ करमुन तई, रहइं पूत मन हीन।
हंसनु बिचि बकु कागु गति, सोहइं वदनु मलीन।।

अतिसय नेहु सइं उपजई, पूतनु दोषु अपार।
सद्गुनु फूलहि फलइं तवई, जबई सांचि व्यवहार।।

पितु मातु गुरु सीसु पइअ, संतति रहइ बडिमार।
धवल भविसि किहिं लागि हित, देहि शूलइं पियार।।

अधिकु नेहुं अरु ताडना, दोउ विनासइं द्वार।
वालि ताड़ना मधुसरिस, बिनु इह जियतु न सार।।

धवल नीर संतान बिचि, अंतरु नाहकु जानि।
परइ दोउ जिमि पात्र महुं, पावइ रूपु समानि।।

जिय चहइ तइसोइ वगढई, मातु पितु हि संतानु।
जिसु माटी सुइ गढ़इ जगु गातु कुम्हार सुजानु।।

नेकु भलुई नीको सुतइक, बुद्धिहीन नहिअ कोटि।
चदंन तउ एकुइ भलो वनु, मह कावइ सुबु खोटि।।

चरित्र हीनु पागलु सुतअ, देइअ कुटुंब डुबाय।
अनल लागि तरु इक विपिन, क्षिनु महुं सबइं जराय।।

कुविचारी सुत ते भलो बिनु व पाइअ संतानु।
नाहिअ तौ दुख बोझु सिर, बूड़त कालु समानु।।

सत्कामी विद्वान सपूत करम कुटुंब जगु नांव।
जैसइ पूनम विधु सन्मुख, टिका हिनतिमि की छांव।।

मातु पितुइ सेवा करइ, बनम जरा कउ टेकु।
कबउं न बोलइं दुर्वचनअ, कहइं सतु सोइ नेकु।।

नेहु करउ सुत पांचि तकु, दसि तकु ताड़नि बांधि।
सोलहिं जानि मीतु भलुअ देइ जनमु भड कांधि।।

जिन्हहिं गृह पति पत्नी कलहं व संत न आदर होय।
मूरख सोभहि आंगना सुखु शांति लक्ष्मी रोय।।

पूत बुद्धिजीवी गुनी, देइअ भव से तार।
नभु इकला शाशी तेजवंतु, लुकि उडगन जियु हार।।

मूरखा सुत सेवा करय, तहू मरयअ जुड़ाय।
मरइ सोचु किछु दिननु कउ, जियतु रोगु लगि जाय।।

मातु पितइ कइअ काजु महं आवइ जाई न पूत।
भावइ हिया न घरी इक, जिमि गाउ बिनु पयमूत।।

एकुइ कोखु जड़ जनमुतइ, तहु गुनु रूपु अनेक।
सूलि-बेर लगि डार संगु, जदपि दोउन जर एक।।

प्राननु कवचि, विद्या जनमु यज्ञोपवीत संस्कार।
होइ मुदितु जिनि देहि वर, तइ पंच मीतु संसार।।

जननी पर नर चेरि मुख पितुई पररिनी होय।
पतित भामिनि मूरख सुत, अरि इन समुनहि कोय।।

लघुन न जानिअ नरन तिइ, जिइ जन्मइं निर्धुन गेह।
होइं संतु गुनु आपुनुइ, तिन्हु जगु पूजि सनेह।।

श्रृंगार, खेलु, अति सेवा नींद, व्यंजन स्वादिष्ट।
कामु, क्रोधु, लोभ, दुरि हिय, सोइ जगु छात्रु विशिष्ट।।

शिवपूजा, सत्संगु, भजनु, रहइ जलु पिवन हार।
होयइ अतिथि सत्कार जहुं, तहुं लगि सरगु उजार।।

जिनि घरु भामिनि गुनुवती, पूतइं नेकु सुजान।
तिनि श्री विधि हरि हर बंसय, सोभहि सरगु समान।।

• • •

(5)

जबु आवइ कुसमय भलुअ कुममय नहिं बिसरांव।
रहइ न सबु दिनु एकु सइ, दिनु रैना श्री छांव।।

सुलभु न कोउ संसाधनु, धानु बिनुहि भंडार।
ज्ञानु सदनु आदरु मृतकु तहं न वसिइअ उद्धार।।

जहं न वेदपाठी धनिहिं, सुविप्र दयालु भूप।
दिक्कु कालु नहि वैध गुनी, तहंइ न सुखु दुख कूप।।

करहु मिताइ नरन तेहि, चाहइ मिलइ न छोह।
लाजु व्याजु भय, चतुरता, जहां चारि गुन सोंह।।

सोम जहर कनकु मल मुख, ज्ञान नीचु सनमानु।
अरि कुल गुनी सील सुता, तजउ न धरउ परानु।।

गूढगांठि मन आपुनइ कहहुं न औरनि पांहि।
हिय चपेटि मन धीर धरि, गहनु सोचु घटु मांहि।।

कारजु ते मधु फलहिं तरु, कारजु सरगु नसेनि।
जिन्ह हिय पलहिं रहसु अमिटु, सोइ वदन श्री फेनि।।

सुता वरहु कुलीन गहे, पूत कउ विद्या धामु।
अरि उरझावहु दलदलहिं सुभीतु बांधि सत्कामु।।

बुद्धिहीन, पशु एकु सेइअ, प्रीति विघन कउ वास।
शुभ गुन कारी मधु वचन, निकरइं कबहु न सांस।।

निर्धनता कउ श्रमु हरइअ, पूजा तइं सबु पाप।
जे जागतु दिनु रैन नर, ताहि न भव भय व्याप।।

रारि रूप जउ दोउन दलु, बढ़इ दोउ कइ कोपु।
एकु साधि चुपि लेइ अजउ, घटइ बेगि कइ थोपु।।

रारि जहां पसरे विकटु, तहं न डटहु घरी एकु।
नाहकु कोटि निर्दोषु हुत, अमल न नेकु विवेकु।।

जबइ घनो दुर्भिक्ष परइअ, करउ मिताई असंत।
गाढे दिनु सुख सारिहहिं, मीतु कुटिल बलवंत।।

सुपुत्र सकुल सुमित्र सबई, राखहु हिय कइ तीर।
सबु सहारो कीचु अंगुन, जैसइ मीन बिनु नीर।।

सजगु रहइ जे काजुरत, पापनु कउ धरि ध्यानु।
खोजि धरि डगु मगु अटलु, तबहि पयोधि उफानु।।

कलपना सपनेहु विपति, विपति डटहु मैदान।
रन मुख फिरत मरहिं जियतु, अंत घाट सैतान।।

सगे बनतु बहु धनिन कइ, पगु पगु जुरत जवान।
पुजत धनी सनमानु सइ, बिनु धन कीचु विरान।।

काजु अधिकु भोरउ कोउ, करहु सदा चितलाय।
यहहि सद्गुन केहरि पइअ, लहे कोटि सतभाय।।

बलहि परखु पालनु समय इंद्रिय कीस कुसलाई।
बक सुशीलु पटु ज्ञानु धन, चारि रतनु सुहाई।।

समय जागरनु, रारि सगेहि, परिजन सकल विहाइ।
झपटि अहारु, भीखु चारि, कुक्कुट क्षीरअ बहाइ।।

मैथुन संकोचु संचय गुन, चौकस मन हिय गांठि।
गुनपांच जेहि धीर धरि, कामु जतनु गुन सांठि।।

स्वामि भगति संतोषु क्षुधितु अति, मनसाहसु रन जोर।
पलक झपकि अलसु तजइअ, सद्गुन स्वानु बटोर।।

मिलइ फांकि संतोषु मन नहि सुख दुख परवाह।
तन हारे मन मारि श्रमु, गर्दभ धीरजु अथाह।।
धन हरन मन शांति भंग, तिय कुचाल संदेह।
मानु हरन खोटे नरन कहहु न धरहु सनेह।।

बंजि बही, धन अगम निगम, खान पान व्यवहार।
विद्या साहित्य कउ संग्रह, जिहि झिझक दुख अपार।।

माया कइ परपंचन तइ, होहि शांति कहु नास।
सबु कइ जर संतोषु गुन, हिरदय होहिं प्रकास।।

भामिनि धन, भोजनु तिनिउ हिरदय भरहि उमंग।
विद्या बिनु जीवनु विरथुइ, क्षिनमहु हरहि अनंग।।

दान भजनु तप वंदना, ज्ञानु जतन सुख धान।
जेहि तारहिं भव सिंधु कइ, फेरि नेहु नहि चाम।।

फनिअ कुचलहु रिफ घातुक, जिनि प्रानन की चाह।
तजउ न तिनि बातन अमिय, अवसर देयं न राह।।

भले नरन कउ मूढ़ जगु, पागलु कहि कहि टेरि।
पहिलि बसि चढ़ि सरलु विटपु टेढ़िन कोउ न हेरि।।

जहं नीर तहं हंसन घर, विपति कालु तजि गेह।
हंसन गति नहि नरन अमिय, स्वारथु नरकु सनेह।।

ईख, दूध, फल सेवहिअ, सगुन तउ बिनु नहाइ।
ऐसइ लघुन भ्रम बंचिका, देंय पंथु भटकाइ।।

तैलि तन समसानु गमनु, जबहिंअ केसन दान।
बिनु मज्जन चांडाल सरिसु कहहि यहु संत पुरान।।

अमिय न दूजो नीर सो, इहि बिनु जीवनु सून।
कुपच परइ संजीवनी, अहार, अंतु विषु दून।।

सबु औषधिन कइ चंद्रिका गुर्च सुजाति परमानु।
भोजनु बिनु सबु निरस सुख, कहहि संत सनमानु।।

करमु करहि निजु करन ते, सोई करमु महान।
पुलकि आत्मा मनहिं मन, उपजइ तन मुसकान।।

चंदन इख दशोपान तिल, रगडि खाइ गुन दून।
प्रगटि रतन मंथन उदधि, फल दायकु गुंथि चून।।

धीर सादगी नवनिधि काजु, करिअ फलु चारि।
तन निरोगु संयोगु योगु, जीवनु सरगु दुआरि।।

नीर छानि पगु सोचु धरि, सोचु पाछि करनीकु।
ज्ञानु मिलहि जबु सुखु तजहु, सुख शांति ज्ञानु न एकु।।

शोकु बढ़ावहि रोगु गुन, क्षीर बढ़ावहि गात।
वीर्य बढ़हि घृत खाइकइ, आमिष तनु सौगात।।

बिनु विचारि जेहि खर्चहीं रोरि कलह बिनु बात।
ऊंच नीचु संभोग सुख, ते न जियहि दिनु रात।।

कूप खनन ते नीर फल, गुरु सेवा ते ज्ञानु।
बिनु गुरू ज्ञानु, ज्ञानु नरअ, छाजहिं पशुअ समानु।।

परहित ते सुख उपजइअ, स्वारथु ते दुख ढेर।
उपकारी कउ हरि मिलहिं कपटिनु कउ यम चेर।।

धरि सम्हारि बिनु पढ़इ ग्रंथु सोइ मूढ़ नर जानि।
जोइ जोरि धन अथकु श्रमु पर सौंपि सोइ स्वानि।।

मधुर बचन जादू घुरो, जीतइ हिय बिनु कोषु।
उजकत सुनि नृप रंक दोउ, अचरहि सोइ विशेष।।

पाप कमाई घातनी सबु दुखन कउ सार।
दस तकु टिकइ अधीकु यहु, जाइअ मूल उखार।।

धरमु धानु गुरु ज्ञानु धन, औषधि संचहु तीर।
विपति सम्हारहि काजु सबु हरहि सकल भव भीर।।

काजु, हेतु–फल–सफलता, पहिलि तीनि धरि ध्यान।
धीरज, धरि मन जतन बड़ि, तबहिअ करहु पयान।।

भीरु मीत सइ, अधिक हितु, सारहिं रिपु बलवान।
विपति घातहिं मीत निवलु, रिपु ते रहइ सयान।।

अटलु सहारो एकुइ मन, करहु पुरन विसवासु।
मनहिं मानि डगु घरहु मगु, कलपहिं सरगु सुवासु।।

• • •

(6)

कामी लोभी, घमंडी, जे अंखियारे सूर।
जिन्हहिं विवेकु न उर बसहिं तिन्हइ शास्त्र जस धूर।।

कोउ करतु कोउ भोगतु, पापन को परिनाम।
नृप, भामिनि, सिखु पुरोहित, सहहिं जियतु भर चाम।।

अहंकारी कर जोरि कर, मूरख काटि नकेल।
पंडित कौ सचु भाखि कर, बसि करि लेतु अकेल।।

दम्पति विप्र और बैल हल, इन्हहिं बीचुनहि आव।
परत बढ़त संकट दुगुनु, भरि न जननु भर घाव।।

अगिनि, विप्र, गुरु, बाल, वृद्ध, क्वारी कन्या सुजान।
इन्हहिं पास जे पांव नर, सोइ नरकु सनमान।।

सहसु कर गज, हय शतु कर, दसु कर मरकनु ढोर।
बुरे नरन लखि तजहु घर, बसहु पराये ठोर।।

सबुइअ न हांकउ एकुसइ, जस निरखउ तस घालि।
बरतउ सकवुइ प्रकृति सइ, यहइ सयानी चालि।।

पर लखि संत हुलसै हिया, पापिइ होतु मलीन।
विप्र जीभि घन गरजु अनंदु, प्रकृति असंत अधीन।

निवल काहुं नहि जानिये सकति सबै कइ ठौर।
अवसर परै न छांडि तइ, नाचु नचावतु पौर।।

थान मोल अनमोल जग, ओछी सर करतूति।
जस सांचो तस गढ़हि घटु, चंदन वसतु भभूति।।

धन के नाते गीत घने, ज्ञानिउ सिर मंडरात।
दीन निर्धनी साप सरिस, धनिउ क्षमउ उतपात।।

दानु प्रकृति मधुभूसि बच, हरिपूजा विप्र चांपि।
जे चारिउ गुन नरन जिनि,सोइ देव भू थापि।।

क्रोधु ईरखा कटु सवद, अरु सगेन सों बैर।
ते नर दानव वेषुमंह, सकलु पसारत पैर।।

जाको जैसो आचरन, ताको तस रह तूत।
रैनुदिनु दोउ वसतु संघु मिलतु तसु अनुभूत।।

धन कै लोभी आधरे, सोइ अपावनु नीचु।
भखत फिरत बनि श्वानु गलि, जियतु पशु सरिसु मीचु।।

जिनि चाहि धन–मानु दोउ, क्षीर पीर कइ बांह।
जियतु सरासर मेघ बिचु, दामिनि सुख दुख छांह।।

भाव प्रेमु भूखे रहइं, मन चाहतु सतकार।
सोइ सुजान कोटि प्रथमु, करि बिनु फल उपकार।।

धन नरकु कइ वांसरी, भानुइ सरगु सुगंधु।
बिनु मानु सबु जनमु विरथु, गहहि न राह सुबंधु।।

तिलतिल जल कै दीयना, करतु तिमिर विषु पान।
हंस हंस जनमत कालिमा, भिरम गढ़ विधि वितान।।

पूतन अंचवत कुल धरमु, भसमु कनकु अनमोल।
फूटिन आंखि न भाइ जिहि, जिन्हहिं समाजु न तोल।।

ज्ञानु, किरिया, मानवता, सेनापति, बिनु सैन्य।
पति आंचलु बिनु भामिनी, संरक्षनु पोंछतु दैन्य।।

अगिनि होतु बिनु बेदु पढ़, ज्ञानुइ बिनु यज्ञु कर्म।
भाव बिनुहिं सिद्धि विफलु फलु, बिनु आधार नतु मर्म।।

शांति बरोबर तप नहीं, लालचु सो नहि रोगु।
धीर बरोबर सुख नहीं, दया सरगु कंह लोगु।।
क्रोध बड़ो जमराज सों, तिसुनु वितरनी जानि।
विद्या समरथ सुर गौ सइ, संतोषु नंदनु समानि।।

बंसु–शीलु धन खरचु फलहिं, विद्या सिद्धि तइ अघाय।
सुन्दरता सद्‌गुन सइ सुफलु, शेषु वेषुइ लजाय।।

असंतोषी जेहिं पंडित, संतोषी भूपाल।
लाजुइ नटि, बेलाजु रति, जिहि न गुनी जिउ काल।।

मदिरा, आमिसु, निरक्षरअ, इहि गुन वसि जिनु मांहि।
तिनु नर मृगनु ते ओछउ, जियतुइ मृतकु कहांहि।।

भेदु चांपि गुरुमंत्र सौ, जौ जिउ चाहु बैकुण्ठ।
जिंहि उधरहि बनि बंबि अहि, नासु छलतु लगिअ कण्ठ।

गमनु न भेदतु वारता, दूतन अजिर मझांहि।
गुनी निकारतु भेदु सबु, साधकु सफलु उछांहि।।

ज्ञानी सेवकु, क्षुधित नर, प्रहरी कोषागार।
जिन्हु जगावहु कोटि जतनु समनु जौ पगु पसार।।

वेदु पढ़हिं धन लोभुते, नीचु जाति घर भोजु।
सोइ विप्र बिनु विष दंत अहि, सुखु जिउ बाझिनि खोजु।।

जिहु समरथु नहि दण्ड हितु और न बलु उपकार।
ऐसुइ नर घटु चीकने, पुलकितु विरथु उजार।।

ढ़ोंगुहि उपरिइ रागनिअ, अंसुवन कव सतकार।
अहि फिरत निर्भय विपिन बलु, विष विहीन फुसकार।।

कागु कवी, नारी, लती, रहसु जिनि कर्मनु ठाठु।
जसु करनी तसु चाकरी करहि मूक बनि काठु।।

कंजूस कव अरि भिक्षुकअ, उपदेसकु अरि मुरखु।
कुलटा कव पिउ सालि हिय, चोरनु अरि शशि सुरखु।।

अनपढ़ सूमीअ निर्दयी अधरमु वर सरदार।
सींगु पूंछ बिनु नर पशुअ, विरथु अवनि हियभार।।

सूर न लालचु मुकुर मन, निपटु न शास्त्रनु चाव।
जेहि समरथु बिनु कंधि फलु संजीवनि बिनु घाव।।

संतु असंतु न होहि कबहुं मतेन्द्रिय रहि अपवित्र।
होनि टरै न कोटि जतनु, विधिना मति गति विचित्त।।

• • •

(7)

श्रद्धा वलु सीमा धरमुअ, जिहि दृढ़ भगति सुजान।
रोगु जोगु पलभर न थिर, धातु न बांधि उफान।।

कुसज्जनु, वासुकि नीमु जड़, रूचि न हिया उपदेसु।
भागु अंक नहि मेटि नर, जसु मति गति तसु वेसु।।

भोगु जोगु संचतु नहिअ, सत्कर्मनु कइअ सुलोगु।
निसुदिनु रहतु सचुते जगु, सीसु न फरे कुजोगु।।

गुरु धातु परतिय बलात् कपटु मिताई मीतु।
सोइ पापी चंडाल बकु, करतु सुआरथु प्रीतु।।

पर नारी जननी सरिसु, पर धन धूरि समान।
जिन्हहि नयनु गति समतली, पंडित सोइ महानु।।

अजा कंठु थनु बिरथु जनमु, परवसु दासु सम्मानु।
उर न बसहिं जिंह सतकरमु, तिन्हुइ भोर अवसान।।

धानु ज्ञानु, जलु सुभाउ वर, रतनु न इन्हु समु कोइ।
सैलि रतनु जे मानि नर, सुअ पागलु जगु होइ।।

गुरु नारी, नृप अगिनि कइ तीर ढिठाई हानि।
अनलु, मूढ़ नृप, नागु जलु, करहु मिताइ छानि।।

निवलुइ भामिनि अनुचरअ, भ्रातु, मीतु सबु कोय।
विपति न साथुइ रीति जगु, हंसतु बसतु घुसि खोय।।

कांच चढ़ि इठलाइअ सिर, तउ न बढ़तु बडु मोल।
मनि कुचरत तरि पांव धुरि सतु नभु करतु किलोल।।

सरि, कुलटा, नख–सींगु पशु, शस्त्र–धारी, नृपवंस।
इन्हु पति आये विपति सिर, धातुइ करहि विध्वंस।।

पर घर वासिनि भामिनी तरु सरिता कै तीर।
भूप सचिव बिनु भीर सिर, खेतु चरउ हंसि कीर।।

विप्र ज्ञानु सेनाअ नृपति, वेश्या कौ धन सरगु।
सेवा ते सूद्रहिं तरहि, निष्कंटुक तव मारगु।।

एकु हुतो कुल कै हितअ, ग्राम काजु कुल होमु।
गांव होमु निज राष्ट्र हितु, आत्म हितु जगु होमु।।

मूरख पुजति न ठौर जिनि, नाजु कोषु भरपुर।
जिन्हं घर पति पत्नी सुलह, तहं श्री बसहिं समूर।।

रोगु न भारी कामु सो, अनल न क्रोध समान।
अज्ञानता सो रिपु न जगु, गुरु न कोउ जसु ज्ञान।।

नृपतिय, गुरुतिय जनकुतिय, रतिजननि, सुहृद नारि।
इहि पांचिउ जननी सरिसु पूजि भेंटू तजि सारि।।

जनमु धानु यज्ञोपवीतु, विद्याअ देवनु हार।
परानु बचा बतु दुख धरि, पांचिइ जनकु कर्तार।।

भंडारी, प्रहरी पाथिकु, विद्यार्थी जौ सोवैं।
हिय न खटकु तनि रारि कइ, वेगि तिन्हउ जगावैं।।

वाल, झूढ़, परस्वानु अहि,नृप सोवहि पगुतान।
कबहु न इन्हहिं चिताहु कोउ, नाहकु चीथहिं कान।।

जिन्हइ विद्या की लालसा, तजि इअ झटि सुख सार।
जिन्हइ कइअ सुख चाहना, विद्या सोचुई उखार।।

भोजु करहिं जेहि मूक बनि, बरसु जियहि सत कोटि।
अंतु मिलहिं सदगति अवसु, सरगु अनंदुइ गोटि।।

विपति कालु विपरीत विधि, सांचि सरासर, झूठि।
मुरति मुकुर तल झलकि तरि, बिनुइ दसनु जसे ठूठि।।

निवलु रूपु साधुअ बिबसु ब्रह्मचारी धनहीन।
बृद्धा सति पतिइवृत धरमु, रोगि भगति कपटीन।।

नारी जीवन भोजनअ, धनते को न अघाय।
भूखि बढतु इन्हु पाइ बड़ि बिनु पाये विलखाय।

नाजु दानु सवते बड़ो द्वादसि तिथि बेजोड़।
कोउ न देव जननि सरिसु, गायत्री सो न जोड़।।

करअ कंगनु तनअ मज्जनु तपति मानु पथ ज्ञानु।
तीर बापुरो आलसी, ढूढ़त निशि बिचु भानु।।

पागलु क्वारी छोकरी, गुड़ कोढी, चांडाल।
कनफटे साधु बुरे सबु, दुरि प्रनवउं बाचाल।।

भोर वेश्या गोदु शिशुअ, पापिमठ, शव मंचान।
दरसु जुआरी दिवसु बिचु बुझतु पाप विष बान।।

सांड विधुर बूढउ, गधा, सूधी ढोंगी विरक्त।
तंत्री बेवा छुकरी रति, कंठु परानु बिनु रक्त।।

• • •

(8)

आत्मा रूप उद्योगु दुख धर्म थिरअ जिन्हहिं ज्ञान।
जिन्हहि न फेरत दुरगुन, सोइ पंडित पहिचान।।

भले काजु ते हरसु हिय, बुरेन ते हिया भय।
समुझि अस्तिकु श्रद्धालु जोइ, सोइ संतन सुरलय।।

क्रोधु, हरसु लाजु गरबु उजड्डता उच्च विचार।
जिहिं न डिगावहिं कपट गुन, विप्रअ सोइ भुन सार।।

धरमु करमु सोचुइ पुरुबु जौ न जनावत वृंद।
काजु मधुर परिणाम तकि, झलकुतुइ विप्रन चंद।।

सीर धाम अनुरागु भय, दरिपुर संगिनि सम्पति।
विधनु न डारहिं जिन्हहि मगु, सोई विप्र भानु उत्पति।

धर्म अर्थ पगु जिनि सरनु मति, भोगु वदन लखि भौंकु।
पुरसारथु वरनत पुलकि सोइ विप्रअ तजि शोकु।।

बल भरोसु ज्ञानी सुजन, काजु करत मन लाय।
नीच समुझि तजिअ झटपट, लेतु न वार सुभाय।।

धीरजु धरि सूझिअ सुनतु, उठत न वेगि उफान।
करमु ज्ञानु सइ जुरत पथ, गालि न बिरथु सुजान।।

धीरजु तजतु न बिपति धरि, शोकु न रतनु गंमाय।
जिउ चाहत नहि चंद्रमनी, दूसर हिय न समाय।।

मन महुं निश्चय करि अटलु, काजु जोरि आरंभ।
फनु बिनु काजु न थमिअ मग, सोइ सद्गुन कव खंभ।।

जिनु रुचि उपजत सतु करमु, करतु मगन पथ काजु।
दोषु न ढूढत भलिनु ढंगु सोइ विप्रवर आजु।।

मानु पाअ हरसतु नहिअ, शोकु न मिलतु अमासु।
क्षोभु न झांकतु चपन मन, सुरसरि नीर समानु।।

सकल ज्ञानु जिन्हु बसत हिय, सबै काजु बिधि बोधि।
सकल गुनी अवगुन नरन, सोई पंडित संबोधि।।

सुरसरि सइ बानी विमलु, बारता ढंगु विचित्र।
वादु निपुन प्रतिभा धनी, वेदु निपुन विप्र पवित्र।।

जिन्हहिं ज्ञान सबु बुद्धि सरनु, बुद्धि ज्ञान जिनअ ज्ञान।
मर्याद बंधि सबु ताकि धरि, पंडित सोइ सनमानु।।

अनपढ़ नर नित गरबहीं, निर्धनु गरबु नभ सेतु।
कर्महीन चाहिअ धन, मूढ़ सरिसु अघ केतु।।

करमु पंथ विसराय कइ, परकर ढूढ़त गेह।
असतु चलन वरसतु मितनु, सो मूरख जग देह।।

सबु कुटुंब सों बैर करतु परजनु धरत सम्हार।
सबलु रारि रोपत विरथु सोइ मूढ़ बलिहार।।

जोरि मिताई रिपुन बल, बैर मीतु सों थापि।
सेगु जोगु गति काल बक, सोई कुसज्जनु सांपि।।

ढोलु बजावतु करमु तल, मन निरखत संदेह।
वेगि काजु पुरि अबर भरि, मूढ़ बमि जस गेह।।

कीरतु कविता कामिनी, कनकु नरकु मल सार।
सिर चढ़ि बोलहि जे चरितु, सोइ मूढ़ सरदार।।

पितरु श्राद्ध पूजन सुरन, सुहृद मीत सत कोसि।
मरत मीन बिनु नीर फट, मूढ़िन अजहुं भरोसि।।

बिनु न्यौते आंगनु घुसै, बिनु पूछे बडि बोल।
आंखि मूंदि दुरजनु सुभगु, मूरख पाथर ढोल।।

पापु आपु पर दोषु मढ़ि, बक अघ भगत विमूढ़।
निरबलु अजा सुभाउ मति, बिरथु कोपि आरुढ़।।

करमुहीन समरथु समुझि उर चाहत सुरधेनु।
मकर जालु फंसि सिर धुनत, मूढ़ फिसूकर फेनु।।

सिखु कुपात्रन शून्य भजनु, कृपनाई कर टेकु।
क्षुधित बराही विकल मति, मूरखु सुरसरि छेकु।।

एकु सहारे निश्चय जुगल, चारि संगु तिनु फांसि।
पांचि बांधि छहु गुन समुझ, साति छाड़ि सुखरासि।।

गैलु अहार निश्चय शयन, व्रत अकेलि बड़ि हानि।
सुख बाहन धरि बधिकु गसि सालत प्रानहि बानि।।

कबहुं न बोलहु दुरबचनुं नहि दुरजनु सतकार।
जिनि नर जे आचरन उर, ते भूसुर अनुहार।।

निरधनु जिउ चाहतु मनिउ, निरबलु क्रोध अपार।
जे दुरगुन विषु दन्त सरिसु मांजर गात उखार।।

गृहस्थ अकर्मण्य परपंची जोअ सन्यासी होय।
पंथ लजावतु ते जगतु, तिन्हइ काग सिर रोय।।

क्षमा विराजत जिन्ह सबलु निरधन दानु सुभाउ।
कोटि सरगु तिन्ह भेंटु पगु चरन सरन जग राग।।

सुपात्र दानु जिनि न दये, भेंटु कुपात्रन डार।
अधरमु अवगुन धरमु धन यहु वर नीति विचार।।

जे माया पति कृपन मन, दरिद्री दुख न सहाहिं।
ऐसइ नर पावउ कोउ, पाथर, बांधि डुबाहिं।।

रन खेत जे खेत रहइ, जोगु रमहि जे संत।
भेदि रविमंडल तपबल, पावहि अंकु अनंत।।

सुत नारी अनुचर तीनि, परवस सबु अधिकार।
स्वामि चरनु आजीविका, सहहिं जनमु दुख भार।।

पर धन तिय मन लालसा हिरदय मीत दुराइ।
जे अक्षम्य बड़ि दोषु सकलु देइ सुख दिउ बुझाइ।।

काम, क्रोध, मद लोभु जहं, नरकु जनमु भर वास।
क्षिनमहु मेटत जनमु तप, तजउ बेगि जग हास।।

सुत राज्य वरदान सुफलु अरि कर मुक्ति समान।
तीनि मिलत तौ सुख मिलइ, एकुइ सोइ बिहान।।

सेवकु भगतु सरनागत तजउ न तीनि परानि।
विपत सीसु आनहु विंहसि, बगलि न काटहु कानि।।

जाचक खोजी हडबड़ा, कुंद ज्ञानु कै लोगु।
इन्हहिं जोरि न गढ़उ रहसु चारि वधन कै जोगु।।

घर कौ बूढ़ो वापुरो, विपत परो नर ऊंच।
बांझि भगिनि धनहीन मितु, श्री वसहिं झटु कूँच।।

तेज गुनिन संकल्प सुरन्ह धवल विप्रन कौ शील।
पापिन नासु तत्काल फलु यहइ अमिय पट गील।।

अग्नि होत्र, स्वाध्याय मौन, यज्ञअ मान भय नास।
जहं न मान इन्ह चारि ढिंग तहंइ भूत भय वास।।

अनल आत्मा जननि जनक, सद्गुरु पूजि सनमानु।
इन्हहि भजे सुख मिलइ जग, बिनु आदर दुख खान।।

सुर जोगि नर अतिथि पितर सबु भव खेवन हार।
जे पूजत इन्ह काजु तज, सहजहि पावत सार।।

आश्रय दानि, भिक्षु, मित्र रिपु, उदासीन संगु बांह।
माया तजि जिहु ठौर बसि, रहइ संगु बनि छांह।।

क्रोधु, नींदु, तंद्रा, डरअ दीर्घ–सूत्री आलस्य।
ऐश्वर्य उन्नति, मिलइ तबहिं, जबुहिंअ तजबु कामस्य।।

धन आगम, नीरोग, तन, तिरिया पक्ष मधु भाखि।
सुत सपूत फलदार श्रुत, जग मन कंचन पांखि।।

उरिनु निडर विदेसु रहनु, निरोगु संतन मेल।
धरमु कमाइ उपरि कुटुंब, यहइ सरगु कै गेल।।

भरमी, क्रोधी ईर्ष्यालु असंतोषी सुवानु।
पेट फेंट पर भाग कर, दुख दारुन कव भानु।।

बुद्धि पराक्रम कुलीनता, शस्त्र ज्ञानु बहु भाखि।
दानु कृतज्ञता इन्द्रिनिग्रह, जस नभ थापति साखि।।

नौ दुआर खंभु तीनि संग, पांचि आतमा धाम।
देह मरमु जौ जानि नर, सोइ, सयानो थाम।।

असावधान पगिलु थकितु, क्षुधितु कामि भयभीत।
लोभि-क्रोधि लती हड़बड़ि विप्र मरन संग प्रीत।।

कामु क्रोधु जौ तजि सहजु देइ सुपात्रन दान।
सुकर्मठ शास्त्रज्ञ, विशेषज्ञ, जानतु सकल प्रमान।।

जौ न मानु निरबलु हरअ रिपु संग छलु व्यवहार।
रुचि न रारि संगु सुर रन धीर अटलु अवतार।।

परतिय गमनु विदेशु ठगि, चुगलिखोरि पाखंडु।
सुरापान पापिनु मिलन, दुरि जे रहहिं अखण्डु।।

व्याहि बराबरि आपनी, बैनु मिताई बोलु।
कबहुं न ओछिनु संगु बरतु विप्रअ प्रतीत मधु घोलु।।

जुरि मिलि पेट भरतु क्षुधितु विपुल जतन तनि ठाम।
विहंसि देतु फल पर सुहृदय, अनरथु छुअत न धाम।।

वामु दाहिनिउ कारजुइ, भेदु उघरत नहि एकु।
काजु मंत्रणा उदधि तलकि अनिष्टु न कारनु छेकु।।

लाजुवान जगु, बिचु, बड़ो, पर नर वर न समान।
एकाग्रता हिय तेजु बल रवि शिशु सुमन विहान।।

• • •

(9)

असत पंथु मन कपट मति वसि फल घट मुख आनि।
कालकूट तन उदधि मथि, जानि तजउ सूर ग्यानि।।

चेतु धरमु कारजु सरअ, मन फलु टेकु न चाह।
सिद्धि असिद्धि न पर बिरथु दुख, संतु न विरही दाह।।

लाभु हानि, गति, कोष दण्ड, देसु न जिनि तनि भान।
विकट मूढ़ सोइ नृप जगु, भोगिन राजुइ मान।।

फल पाइअ इति राइ जे, तस वस बरतहिं नीचु।
उद्दण्डता सुख भखै सबु, जरा रूप जलु उलीचु।।

कांचे फल जो झरै तरू, रसउ संग झरि जाय।
झरतु मरतु संग बीज फल, जराकंठु कुम्हिलाय।।

समय झरे फल तीनि फल, सुरस बीज फल पानि।
शेषु वेसु परिवेसु घुरि, जनमु मीतु सुख खानि।।

प्रजा भलाइ नृप मन दृढ़, कर उगाहि बिनु दंडु।
सजग अलि रखि मान सुमन पिउ न चाहि मन खंडु।।

प्रजा पालि सुत मानि नृप, नमनु सनेहु कि बाति।
रहइ जनमु भर शयनु घर, प्रजा नेहु दिनु राति।।

सुनयनु करमु बानी मन, तिनु बल प्रजा सुखाहिं।
करहि सोई उद्योगु नृप, तासों सबुहि अघाहिं।।

पुरखनु किअ बहु सम्पदा जो कपूत कर जाय।
क्षिनहिं घटहिं जरमूलते, मेघु पबनु लै जाय।।

बकवादी बाचाल शिशु, निपटु अवगुन मचान।
मरमु तत्व गहि लेहु विहंसि, जैसइ सिला सुवान।।

विप्र वेदुनृप खोजिनअ, गंध धेनु जन नेत्र।
निशिदिनु सुख दुख रहतु ढिंगु, आंतर शेषुन क्षेत्र।।

सवलि पाइअ पंडित नवहि रखतु सीलु कव मान।
सीसु लजानो सुर करमु तीर जतन करि छान।।

सचिव सहायक भूपकै तिरिया कंत सुहाग।
मृगनु सखा सावनु जलदु वेदु संतु कव भाग।।

जोगु ते विद्या नित बढ़ै मज्जनु रूप संवारि।
सदाचार ते कुल खिलै सचु ते धरमु उवारि।।

तौलि नाजु हय फेरई, नयनुतीर सुख धेनु।
तैलि वसन तियमानजग कहइ सयाने बैनु।।

पर धन रूप कुलीनता, सुभाग पराक्रम सुख।
निरखु डाह उर रात दिनु, मिलई जनमु सबु दुख।।

सम्पत्ति विद्या ऊंच कुलअ, लगहि घमंडिनु मदअ।
संत करहि रिपु दमन वल, जस ऊजरि सरि पटअ।।

धनोत्मत गुन नर आमिसु, मध्यम गुन नर गौरस।
तैल सुहावै दरिदुरिन, विरथु लगावत जोरस।।

अधम जीविका केरि भय, मध्यम मौतुइ डिराहिं।
उत्तम हृदय अपमानु भय, निडरन को जग माहिं।।

धरमु अरथु तजि वसि इंद्रिनु लेइ विपत सिर मोल।
मान प्रान धन नारि तजि, धुनत पाछि सिर ढोल।।

दुरजनु संगु निरदोषु विप्र, भोगहिं दंडु समान।
बिवसु ओदोउ काठि जरि, सुखिनु सूरि समसान।।

मधुर बचन इंद्रिय दमन, सुपवित्रता संतोसु।
अचंचलता, सहज भासनु सरलता असुर कोसु।।
दुरजनु बल हिंसा उगरअ भूप जोर बसि दंड।
सेवा तौ नारीअ बल, क्षमा मुनिनअ अखंड।।

बानुइ विंधो परसु कटो बीते तरु मुसिकाय।
कटुक बचन कइ मार तै, घाव रहतु हरिआय।।

जबु आवहिं विपरीतु दिनु, बरबुद्धि होतु मलीन।
धरमु दिखतु अधरमु सरिसु, अधरमु धरमु कुलीन।।

• • •

(10)

सौति जुआरी गदर्भ नर, निसा अंकु दुख दून।
तैसिइ दुर्गति धर्मनृप कइ, जैसो बगरो चून।।

आगिलि पाछिलि पनु नरकु, कनक काज भखि झूठ।
नासु होई पलकु झपकि, महि कामिनि जर ठूंठ।।

सुर न जगत दरवान बन, गहि कर दंड मुसंड।
जिन्ह पर होइ सहाय अति, भगति पर हरतु घमंड।।

चोर जुआरी जोतिसी, नर्तक वैध, अरि मीत।
घात करहिं जे काज सरि, विथति बढ़ावत प्रीति।।

यज्ञअ दान तपअ अध्ययन, रहहि सयानिहू तीर।
सचु मधु संयम, सरलता इन्हहि संत अनुसीर।।

यज्ञअ दान तपअ अध्ययन, सचु क्षमु, दया अलोभ।
आतु धरमु कइ चरनु रज, संत कहाहिं सुशोभ।।

सभा निरसु बिनु बूढ़ि बड़ि, बूढ़ निरसु बिनु धरमु।
धरमु निरसु बिनु साचुई सांचु निरसु बिनु मरमु।।

विद्याअ सीलु कुलीनता, शास्त्रु सुरता ओज।
साचुइ बलु धन विनम्रता, दसकि सरगु बड़ि भोज।।

पचे धानु रनजीति भट, सन्यासी फलु पाये।
तरुनाई निधरकु कटि तिय पाछि संत गुन गाये।।

रिसि सरिता अरु संत कुल, नारी दुश्चरित्र विचित्रु।
मूल न जानि जाइ इन्हहि वेद बखानिहि सुचित्रु।।

पंडित सूर सेवाव्रती इन्हहि भागु बलवान।
अवनि संचतु कनकु सुमन भोगतु सरगु मचान।।

• • •

(11)

तिनु आसनु जल बसुंधरा, मधुर बचन फलु चारि।
परइ न टोटो चारि इनु, जहं सयानिउ उखारि।।

अनभलि भलि चाहइ सहजु, विपत परत सुख छांह।
बंधु सहारों मीतु सरनु गहत गरत क्षिनु बांह।।

रूप ज्ञानु बल सपंदा सबै हरत संताप।
रोगु जोरि तन करत जर, देतु मारि बड़ितापु।।

स्वबंधु नारि विप्र धेनुअ, कोपि इन्हहि जे सूर।
झरै डार ते बिनु पके, रौंदि सबै मिलि धूर।।

एकुइ सबलु दृढ़मूल तरु, रूप विकट बरिआर।
निवलु झोंकु इकु पौनु कव, क्षिम महुं देअ उखार।।

धेनु सरनागत नारी, बालक कुटुंबी विप्र।
जे सबु रहहिं अबध्य जगत, कहतु वेदु नीति क्षिप्र।।

जनमु होमु कुल हेतु जग, गांव हेतु कुल होमु।
गांव होमु सबु राष्ट्र हितु, आत्मा हेतु महि होमु।।

स्वामि भगत हित प्रकृति संतु, हरि बलु जाननिहार।
जानि नाथ आज्ञा नही आदर, सौंयि काज इनकार।।

निज मति गर्व प्रतिकूल वृत्ति सेवकु सोई दुत्कार।
स्वामि हितु सारि व्रत, सेवकु प्राननु हार।।

अहंकार रहित शुद्ध हृदय कायरता शून्य भलु।
उत्तम निरोगि उदार पटु, सांचि इतुंकव बलु।।

रूप मधुर–स्वर पवित्रता, शोभा बस उज्जवल वर्ण।
सुगन्ध कोमलता सौंदर्य ऊषा मज्जनु गुन स्वर्ण।।

सुख वैभव आनंद बल, आरोग्य गुनि संतान।
फनि गुन उपजत सोइ नर, जिनि आचरन मित धान।।

त्ववनु अहार मधु पय घी, तेल, दही, तिल, मांस। फल
सुगंध, गुड़, सागु, कुपिन, असगुन, हाट उपास।।

जारि फंसे वध जोगु अरि, कबहु न तजिये ताहि।
निवलु कालु तकि सबलु धरि, जरते देउ सुखाहि।।

बालकु रोगी देवता भूपति विप्र और बृद्ध।
इन्ह परि रोसु न जानि करि, क्षमादान न तुइ क्रुद्ध।।

श्रुति ते तौ धन ऊपजै, रंकइ निपट मूढ़ाई।
अटलु चक्र जगतु कौ यहइ, कहहि सुसंत दृढ़ाइ।।

धीरज दया मनोनिग्रह, इंद्रिय संयम पवित्रता।
मधुर बचन मित्र सों द्रोह श्री सहाय विचित्रता।।

जुआरी, नारी, बालक जिनि देसनु जे भूप।
पाषाणनाव उदधि बिचु विषत भंवर जस कूप।।

मान जुआरी जिन्ह करहिं, चारण गावहिं गान।
जगतु प्रसंसहि वेस्या जिन्हु सो जियतु शव समान।

कामी निर्लज्जी भेदिया, सठ पापी जगजोत।
जे सबु निन्दित अयोग्य संग, इन्हहि संग दुख पोत।।

स्वजन दीन रोगी दरिद्र पर जे करहिं अनुग्रह।
सुत-पशु-सुख ते होंहि धनि जीवन फेरि न विग्रह।।

धीरज स्मृति, सावधानी दक्षता, संयम, उद्योग।
गुनि विचार जे काज करि, उन्नति सुमंत्र सुजोग।।

मूल दूध गुरु, कौ बचन, औषधि घी फलनीर।
साधु हृदय संतोसु भरि व्रत नासक नहि धीर।।

नारी क्रोधी आलसी धूर्त चोर डरपोक।
कृतघ्न अभिमानी नास्तिक, इन्हते मिटै अशोक।।

अलस, मोह मद गोसिठी चंचलता अभिमान।
लोभु उद्‌दण्डता साति गुन, विद्यार्थिनु कउअ हान।।

रजतु, बकरियां खगु, जरठु, मधु, कांसे कौ पात्र।
स्वजन कुलीन नर विप्रवर, घर शोभा बहु मात्र।।

जैसी अरि की समरगति, तैसुइ बरतउ सूर।
धरमु युद्ध कइ नीति सोइ, कहहि संत भलि पूर।।

हीन भाव भरि उर सबलु जौ चाहौ रन जीत।
बिनु बरसे सावन जलद, विकटतम जाय बीत।।

जो नर साहसु जोरि करि, रांधतु निज सबु दोसु।
कहहि संत उद्‌घोसु करि, हरि गति लेइ भरोसु।।

भाव जीवन चेतनदिउ, जन मन उर मुसिकाय।
यहइ लोकसंग्रह सुफलु तिमि जग देअ हराय।।

भगति हृदय ग्यानी नयनु, करमु योगि कै हाथ।
तीनि समन्वय होहिं जबहिं, बहहिं त्रिवेनी साथ।।

भगति परान जग जीवन, श्वासोच्छ्‌वास शुचि वृत्ति।
विमुक्त तेज अनुपम झलकि, भरय उर हरि संपत्ति।।

जब तक तन तबु तक गरबु, मरतु न छांड़त तीर।
हरि चरनन सबु भेटि बलु कटै गरबु कउ पीर।।

हरिदरसनु नहि जतनु बिनु, नहि "जगराम" सुओर।
झेलि व्यथा दुख तप हुतन, दुख बिनु मिटहि न खोट।।

• • •

(12)

दोषु बखानहिं बिनु पढ़े, कटुक निदंक बनि तीर।
पढ़े लिखे सोइ मूरख कहहि धीर गंभीर।।

विद्या वैभव जानि विपुल जिहि बसि मन अभिमान।
गुरु निंदा जिन्हहिं काज नित, तिन्हहिं अंत लगि वान।

पाछे परिअ निंदा करै, असत गवाही हेय।
मूढ़ मिताई चारि ढंग, इहि विमूढ़ धरि लेय।।

जांच परखु निर्णय करिइअ, सांचु न्याय सिर बांधि।
सबकै मन कउ गूढ़ि मरमु, समुझि काज सरि सांधि।।

पक्ष विपक्ष जरि जारि उतिनु, सबुतजि क्षमा गहाहिं।
सुभग कुशलता काजु हित, सोइ नीतिज्ञ कहाहिं।।

काउ संग गाढ़िन में लिअ बिंध नाहि जार विस्तार।
पूर्वाग्रह तजि धीरजु धरि, दोषनु ढ़ांकि विसार।।

निपट विरोधी दुरजन सीसु धरहि शुभ हाथ।
बतरस लालच फोरि मिलि गांठि बांधि सिर साथ।।

हठ दुराग्रह फेरि नयन, कासु सारि चुपिसांधि।
वाद विवाद्नु गैलि तज फूट बांझि बिनु व्याधि।।

जबै जनवल विपरीत चलि तबै मुख विंहसि सन्मानु।
जौन बहुमत झेलि सकहु, सबु तजि बसहुं विरानु।।

करहिं अनादर मातु जे नारि परानु समान।
ऐसे न रतौ जगत बिच, मन कपूत तन श्वान।।

करहि प्रशंसा आपनी हासु बिनु कोउ बात।
भासि बातनहि समुझि परइ, फिरत जियत लतियात।।

परिजननु सों रहइ बिलग, परजन कंठ लगाई।
रारि जोरि रहि सकलु सों, आपुनि भीति गिराई।।

जोरि मिताई नीचु संग, परतिय भटे अकेलि।
गैलि चलत भखि तोषु मन, बस में कर हिन केलि।

गगन चढ़ि तन धरत वसन चौराहे बिनु चीर।
बुद्धिहीन शठ जगतु मंह, मीचु रहई तिन तीर।।

धनसुत कामिनि मोह मंहु परि नारायण दूर।
करनी पइ भरनी टिकइ, होंहि कबहु तन धूर।।

हरइ संपदा नेह निज, दुख हरि मारइ ढेल।
ढोल पीट कुल दोष कह, सबकहुं मारइ ठेल।।

मीत घात रंग ढंग कपट, पर धन नियति हराम।
चोरि जोरि धन विपुल जग, परनारिन लखि काम।।

आपु काजु जे शील नर, परजन टांग अडाइ।
पाइ कनकु बौराइ क्षिनु, जियतुइ विरतु बड़ाई।।

जिन करनी पर सहहिं दुःख घूंट पियहिं अपमान।
पर दुख ते सुख मेल मन, पर दुखते सुख भान।।

क्रोधी, पेटु, आलसी, प्रिय मैलु वसन स्थान।
सद्गुन बिना वक नीर बिच विरथु भगति अभिमान।।

भनक परइ पर दुख श्रवनु मन सुधि झट सहभाग।
भली–बुरी दोउन धरी, मखि जस गुर संग पाग।।

औरन को न सताइये पालहु हृदय चपेट।
जो कबहु अहितु बनि परै, तौ टारौ पर पेट।।

गूढ़ि चाल गूढिअ रहसु, अभिमान सबलु जारि।
ढोल गंवार धूर्त दुर्बुद्धि, सबुतजि बसहु उजारि।।

रीति सिखावन जे निपुन, भांति भांति कै भेद।
विचार धनी अध्ययन पुट, तकि करि नभ उर छेद।।

विपति परे नहि भीत उर, धीर जतन भर पूर।
संयम, विवेक, श्रम छांव, समाधान धन दूर।।

भार, श्रेय संगिनु पहिलु आपुनि धूर समान।
घालि बढ़ावहुं माझि बन, सोइ महन्त महान।।

कनक कामिनी, कीर्ति तजि, साधु वेश, गतिमान।
जोरि विपुल अनजान मग, छुवि उलूक रवि जान।।

सतत जतन सद्गुन भरनि, फेरि सबै मिलि संग।
धरि दूर भलु तीर समुझि, अटलु काजु न तु थंग।।

विविध युक्ति और बुद्धि जतन, रसना धार संवारि।
आपनु भांति रथो निपुन, काजु राज तजि द्वारि।।

चतुर सयानो काग वन, जौं चाहतु सुख काज।
काटे कौं काटो धुनै विधि सफलु चाह राज।।

जैसौ बैरी सामुने तैसो ऊतरु देहु।
पूर न हृदय विश्वास पर, जौ फलु सो अति नेहु।।

औरन काजु कराहु चहि, गूढ़ मंत्र उर चापि।
बैरी धूर मिलाय वल अंत नेहु बसि थापि।।

पटु वादिअ प्रहरी मल्ल, राखहु गांठि संवारि।
जौ सुख चाहउ सरगु सरिसु दुरजन तीर उखारि।।

जानि आवभगत, दुरजन, संग में लेहु मिलाय।
हिय गांठि 'जगराम' रहसु उघरत रारि अघाय।।

• • •

(13)

मरणहार हित शोचु करि, सुगम रीति भलि प्रीति।
अविनासिउ हितु शोचु जग, पंडित कहहिं अनीति।।

मैं औ तु पहलेहि नहि और न नृप जग माहिं।
और का संभव भविसु महुं जनम लेहि जग नाहि।।

कुमार युवा प्रौढ–पना मिलहि जीवहिं तन मध्य।
तैसेहि अंतर तन मिलहि शोचु नहि करहु सुसभ्य।।

इंद्रियन कै संजोगु तै, उपजत कंटक सुख दुख।
धीरज धरि मन बांधि वश, सहहु तपहु तजिइ मुख।।

जिनु न सालि सुख–दुख दोउ और न शोचु अशांति।
ऐसुहि नर पावतु सुधा सकल सुमंगल शांति।।

भाव कोउ नहि असतु को, औ सतु को न अभाव।
इन्ह दोउन को सांचु गुन, ज्ञानिहु दासु स्वभाव।।

जिन्हहिं व्यापि यहुं सकल जगु, सो अविनासी जानु।
अविनासिउ को नासु हित, समरथ जगत न कालु।।

तन धारिनु कहुं अंत अवसु यहु करमन कौ फेर।
अप्रमेय यहु आत्मा जग, सोचु न करि तनि देर।

वृत समाज जौ जग जानहि, यहु आतम कौ रूप।
ते नर निपट मूढ़ जगतु आतम रूप अनूप।।

यहु नित्य सनातन अजन्मा, औ अनंत अविनाशी।
जौ विमूढ़ जानहि जरा, तिन्हु जगु होहि हांसी।।

जैसिहिं नर पर जीर्णतजि धरहि नूतन पटतन।
पैसिहि आतम जीर्ण तजि, धरहि झट नूतन तन।।

अनिल, अनल, जल, शस्त्र कोउ मारि सकै नहि याहि।
यह तौ अजेय सनातन, सर्वव्यापी जग माहिं।।

अव्यक्त अचिन्त्य निर्विकार यहुं औरहु अनित्य नूतन।
सोचु तजि यहु जानि मरमु, जौ चाहौ सुख दून।।

जौ उपजि सो नियति अवस, ऐसो गीता ज्ञान।
जानि सत्य यहु मरमु जगत, सोचु न क्षनिक सुजान।।

सबके तन कइ ज्योति यहु, सदा चिर अखण्ड अवध्य।
नासवान कहु सोचु बिर्थ आतम सोचुअ असभ्य।।

स्वधरम लखि नहि भीरु उर, स्वधरम प्राण समान।
स्वधरम ते सबु उपजै जीवन कौ संज्ञान।।

कीरत जगु कइ मोक्ष घर, अकीरत नरकु द्वार।
भलेन अकीरत मृत्यु तुल्य, कीरत मधु उपहार।।

स्वधरम ते जौ विमुख नर, निंदा करहिं संसार।
जासों बढ़कर दुखन जग, पंडित कहहिं विचार।।

करम क्षेत्र महुं जौ मरै, तो सुख स्वर्ग की गोद।
जौ कहुं जीतहु समर भट, भोगहु बसुधा मोद।।

सज्जनन की मति निश्चयी, खोटेन मतिंअ अनंत।
सज्जन होके जीहु जगत, दुर्जनहि सरन मरंत।।

फलश्रुति रत जे नर जगत, जगति सुख बढ़ जानि।
ते खलु भोगी अल्पज्ञ नर, कहहिं सुहावन बानि।।

बानी ते मन अपहरित, औ भोग सुख आसक्त।
तिनहिं नरन मनहु निश्चयी, सुधि-बुधि कबहु नहि भक्त।।

करमन महुं अधिकार बस, फल महुं तनि नहि तोर।
करम फल नहि हेतु मनहिं, करम आसक्तिन घोर।।

आसक्ति तजि मन योग वर, भलि सिद्धि–असिद्धि समान।
योग नाग समता सरिस ईश स्वरूप प्रमान।।

पाप पुण्य जो तजि रहे, सोइ सुबुद्धि कहाई।
करम धरम को मरम गहि यछहि सुविज्ञ बताई।।

मोह कींच सों पार जबु, और करम बस ध्यान।
भूत भविस दोइ दीनन, तुरति विरक्ति संधान।।

आत्म रूप को मन भजनु, करत सुखी जब संत।
सकल मनोगत कामना, जब तजि तबहि स्थित प्रज्ञ।।

जो नर सदा स्नेह रहित, औ शुभ–अशुभ नहि हर्ष।
द्वेष राग नहिं चपलता, सोई स्थिर मति जग दर्प।।

क्रोध हरै सबु ज्ञान को, अविवेक अपहरि स्मृति।
स्मृति भ्रंस सो सुमति नर, बुद्धि नासु आपु झरति।।

जो कहुं अंतर होइ विमलु तौ सकल दुख विनास।
मुदित चित वाले नर की, मति स्थिर होई आस।।

अयुक्त नर मतिहीन जगत, औंर भावना शून्य।
भावना रहित शांति नहिं, शांति रहित नहिं सुख्य।।

सकल जगत की निशा जो, सोइ संयमी को दिन।
जो जगती को दिन भलो, सो आत्मदर्शिनु शयन।।

जो तजिइ विषय वासना ममता गर्व बिन पंथ।
सोइ सुधी जग महुं भलो पांवहि शांति अनंत।।

यहइ गति ब्राह्मी अटल, जो पावत नहिं मोह।
अंत कालु तक जो रहै, सो पांवहि ब्रह्म मोद।।
जौ नर श्रद्धा भेंटि भजहिं, सो नर अवस महान।
सकल चराचर बीच सों, योगिन महुं नभ भान।।

चित्त चपलता जो न बधे तो करि जोग अभ्यास।
अभ्यासहु जो स्वबस न बल, तो करम मम आस।।

ज्ञान श्रेष्ठ अभ्यासु सों, ज्ञान सुं ध्यान विशेष।
बड़ो फल त्याग ध्यान सों, त्याग सो शांति शेष।।

नैराश्य अपेक्षा रहित, व्यथा रहित शुद्ध दक्ष।
सकल करम फल त्यागि जो, सोइ सर्वप्रिय मम भक्त।।

हर्षु न द्वेष न, सोचु न, मन, चाह, शुभ-अशुभ त्याग।
जोइ नर इन्हु सद्गुण धरहिं मोहि सोइ प्रिय लाग।।

चुप शत्रु मित्र सुख-दुख सरिस, आसक्ति, निंदा-स्तुति सम।
संतुष्ट अनिकेत स्थिति मति, सोई भगतु प्रिय मम।।

परपीड़ा ही अहिंसा, सत्य वचन हितकारी।
अक्रोध चित्त विकार लोप, अवगुन वचन जारी।

त्याग परिग्रह सकल तजै, शांति निरोध विषय।
दया न पर दुख कौ सहहिं, अचपलता स्थिर प्राय।।

कोमलता औ संत मिलन, ये दोउ आर्जव रूप।
करमु अकरनी को सगो, लज्जा सेवहि गुपचुप।

तेज क्षमा, धैर्य, अद्रोह, शौच नातिमानिता।
यहु गुण जिहिनर ऊपजै, सो दैव जिनि सरिता।।

पारूष्य, अज्ञान, अभिमान, क्रोध दम्भ और दर्प।
यहु गुण जिहि नर ऊपजै, सोई असुर जिमि सर्प।।

दैवी सम्पति मोक्ष हितु आसुरि बंधन हेतु।
सोचु संताप नहिं सन्निकट, दैवी सम्पत्ति सेतु।।

प्रवृति-निवृति न जानि असुर सत्य, शौच न आचार।
ऐसेइ सबु नर जगबिच, असुर कहाहि विचार।।

चित्त भ्रमित बिंध संकलप, मोह जाल फंसि लोग।
भोग रोग महुं जेहि फंसि, परहि नरकु अति घोर।

जे नर, नर कौ ईरखहिं, करहिं घोर अन्याय।
ऐसे-क्रूर अशुभ अधम, सदा असुर कुल जाय।।

काम-क्रोध-लोभ तिनिउ, घोर नरकु कै द्वार।
त्यागि देहु जौ सुख चहौ, यहइ ज्ञान कौ सार।।

इन्हु तीनिउ के फंसि ते जबहि दूर ह्वै जीव।
अंत करहि शुभ आचरनु, परमगति अवसु सीव।।

सात्विक पुरुष सुर पूजहिं राजसिक राक्षस यक्ष।
तामसि भूत प्रेत पूजि, यहई नीति जगस्वच्छ।।

घोर तपि जे शास्त्र विरूद्ध, ते दम्भी अहंकारी।
अंशभूत मम जीव सालि, जानि असुराचारी।

आयु-ज्ञान-बल-आरोग्य, सौख्य प्रीति दिन दून।
ऐसु चिकनु रसनु अहार, सात्विक नर प्रिय चून।।

कटु, खटु, क्षार, तीखु, रूख, गरमु जलनु बढ़ि लागि।
सोचु रोगु दुख बढ़ावहि, राजसि नर प्रिय भागि।

वासी, रसहीन दुर्गन्धित, जूठा, अमेव्य विलंबु।
सकल संपदा बदनु हरहि, सोई तमसिन कहु खंबु।।

सुरविप्र गुरु ज्ञानी पूजि शौच आर्जव ब्रह्मचर्य।
अहिंसा यहु सबु गुण धरमु कायिक तप मर्म अमर्त्य।।

उद्वेग रहित सत्य प्रिय गुन, शास्त्र हित कारक बच।
मीठु बोलि संताप रहित, बाचिक तप अटलु सच।।

मौनुहि मन की प्रशन्नता, सौम्यताभाव संशुद्धि।
आत्म विनिग्रह सकल सद्गुन मानसतप जगत शुद्धि।।

देनु करमु सों मन समुझु, अनुपकारि कौदानु।
देश–काल पात्र तीनि, विधि सात्विक सो जानु।।

फलोद्देश्य से देहिं जौं और अशुभ वसतु युक्त।
यहु दानि राजस कहाहि, संतनहि मुखहि विमुक्त।।

बिनु सत्कार बिनु आदरहिं अपात्रनु कौ भेंटहिं।
अयोग्य देश काल विसरि तामसु दानि शोभहिं।।

नरतनु सम नहि तन कोउ, नहि फल सम संस्कार।
संत मिलनु सम नहि सुख, जग, दरिद्र सम न दुखभार।।

पर सम्पत्ति लखि जरहिं असंत हृदय ताप अति घोर।
हरषि पराई सुनि निंदा पाइ परी निधि चोर।।

सबतैंहि बयरु अकारन हित अनहित नहि जान।
बोलि मधु बचन मोर जिनि खाइ अहि उर कुठान।।

सुनि न बड़ाई और जौ सुनु चढ़त जनु जूड़ी।
देखिहि विपति जौ औरन, मोद हिय हखि थूरी।।

मातु–पिता गुरु, विप्र नहि जो नहि देहि सम्मान।
सत्सगु हरिकथा न रूचि हिय, दम्भ कपट ज्ञान।।

परहित सम नहि धरमुजग और न दूसर ठौर।
अधरमु न पर पीड़ा सम, वेदमंत्र सुनि गौर।।

जेहि दृग कोणु पुतरि गडि, थिर स्वभाव मधु बोलि।
साहसी सत्यनिष्ठ निष्कपटु, दृढ़ चारित्र्य रस घोलि।।

जेहि दृष्टि मुख खोजि मरमु और बढ़हि हिय भाव।
सज्जन स्नेही दयावान, उदार विनम्र स्वभाव।।

जेहि दृष्टि सीसु उपरि पीर और अंह की रेख।
अभिमानी दंभि पाखण्डी नीचु मध्यम के लेख।।

जेहि दृष्टि वक्ष उपरिपसरि बोलि तोतली बानि।
संकोची, लज्जालु विनयी, चरित्र गुनी नहि सानि।।

जेहि नयनु कटि गड़ि रहै, करहिं रसीली बात।
कलषु पाशविक भ्रष्ट चरितु, कामी अधमी घात।

जेहि नयनु पगु पर रहहिं बात करतु संकोचु।
पापी, दोषी लंपट, अघ, मनहिं क्षमा बटु बोधु।।

इत–उत चितवन नीचु मुख और हृदय भयआस।
घाती, भीरु, छल, कपटी निंदक निखटटु अभास।।

• • •

अब मोरे काटौ फंद हरी

काल की पांस फंसकै पछतावै, सब मति गई हरी।
मोह जाल मोम लोह कर जनु बरबस कसिकर जकरी।।
उछरत डूबत आश नहिं पारा फंस गये विच भंवरी।
दु:सह दु:ख दुर्दिन की कारी बदरी आंगन फाटि परी।।
रैन गई अब रबि निकरन भये रह गई इक चंद्र घरी।
हेरत बाट ऊषा के मधुकर रजनी व्यथिता डरी।।
पांय परौं बंधन सब तज "जगराम" की बनकै शबरी।

बसो यहुमन मंदिर घनश्याम

तृष्णा पाछे बिलंब लजाये अब नहि ठौर कौ नाम।
जर जर भई वासंती सारंग कृश तन पीत विराम।।
सुघड़ दिखन को बनो पींजरा छलकत हलाहल काम।
लोक भोग की पांय जंजीरें विसरि गयो तव धाम।।
जनम जनम की पूंजी गंवाई कर नहि फूटो दाम।
बडी अभागिनि विपत कै मारी ग्रसि लई वैरिन शाम।।
चरनन की किरपा जौ पावौं कटै सब भव "जगराम"।

नारी निरखो जननी समान

अजेय महाशक्ति त्रिविध स्वरूपा सचराचर उर ध्यान।
ममता–करूणा–स्नेह की मूरत मृदु भोर की मुस्कान।।
ज्ञानी विज्ञानी वीर प्रसूता सकल भुवन की खान।
मधु नव वसंत की कोख जान्हवी निश्छल हृदय उत्तान।।
करता–भर्ता–हर्ता सृष्टि विधिना की जगत दिया को प्रान।
शील धैर्य दया क्षमा मृदंग की सुमधुर मृदुली तान।।
अक्षय आशीषों का आंचल अभेद्य आश्रय वरदान।
कल्याणी "जगराम" पुरी से शोभे मंजरी महान।।

जीवन बातहिं बीति न जाये

महल सवारी पल्लव सारी मरकट नांई नचाये।
ठुमुक ठुमुक नूपुर की रुन झुन तेहि मन विंध विलखाये।।
चाटत ताकत भटकत मानो श्वानिहि जाति लजाये।
सुमन अंक की मधु छांवन मंह मधुकर भोर न पाये।।
सूझ जुंआरी आपन दांव कोउ नहि राह दिखाये।
लुकत छिपत तरू डारन पातन पतझड़ सुधि विसराये।।
विकट अंधिरिया भरे विपिन विच धुन–धुन सिर पछताये।
झूठें रंगीले बंधन "जगराम" ही ठौर दिखाये।।

प्रभु जी राखो लाज हमारी

मोह उदर कारा में विंध कै बर्बस भई उघारी।
चहुंदिशि पुंसकारे ठगनी जैसइ रैन अंधियारी।
सब विसरा पंकज चरनन में विलखै नित दुखियारी।
पांय परौं वलि वलि नित जांव पलभर निरख विचारी।
जीवन सारो व्यर्थहिं जावै परी विपत बड भारी।
सब आकर्षन छोड़ छांडि "जगराम" यह विनय हमारी।।

परहित जगत नहीं धर्म महान

नीर पियासे कौर उपासे मुख पावस सर संधान।
पकरि लकुटिया भटकत जीव की डोर थमाई प्रान।।
जरत बरत शमसान अजिर वदन महके पुहुप वितान।
फटे हिया तड़ाग के आनन चंहै पीयूष कल्यान।।
निःस्वारथ दीन दुखियन सेवा कर नर बनो भगवान।
जनम मरन भवसागर के बंध काटै कृपान समान।।
सकल चराचर की सेवा ही शाश्वत सांचो विधान।
साधो जबहिं "जगराम" शरन में कबहुं न मिटै विहान।।

रसना राम बिना रस नाही

रुचि रुचि नीड़ संवारो सोई सब मिलि पावक मुखदाहीं।
महि श्रृंगार नवं वसंत सलोनो बिनु सावन मुरझाहीं।।
नवजात घरौंदो जननी की साया बिनु झट मर जाहीं।
प्रान सुधा बरसै अम्बर से नहि ऊसर उदर अघाहीं।।
अथाह भवसागर से कर्म धर्म की तरनी पार लगाहीं।
डूबत जगत को जलहिं उबरत 'मैं' मूल जलहिं सुखाहीं।।
मलयागार सुमन शैया मधुमय बंधन संग न जाहीं।
जोई सत्संग सयानो जानहिं सोई मोक्ष फल पाहीं।।
नरसेवा नारायण सेवामृत साधो कहि कहि गाहीं।
सोई सुख पावत तज बंधन "जगराम" मंदिरहिं बसाहीं।।

सजनी गावहु सुमंगल गान

बेर बेर ठगिनी भटकायो कसि गही बांह विहान।
तिल तिल जर लख चौरासी में बन गये दीप समान।।
कोउ न काहू को संग साथी सब गलियन के श्वान।
करनी तरनी पार लगहै जतन कर तज अभिमान।।
सुफल मनोरथ भये हमारे अब न रही कोउ तान।
निशि दिन तरसे "जगराम" दर्शन को करौ नाथ कल्यान।

भजले भजले हरी को नाम

जनम नरतन को पायो रे।।

भांति भाति नटि बीथि मिलै बहु नहि रसना रस लायो रे।
मगु मंहु मिलै नाना जंजाला नहि मन कौ भटकायो रे।।
सांची पुटरिया हरिनाम की धरि सिर द्वार पठायो रे।
चलत घरी बहुविधि समुझाई नहि कहुं पहर गंवायो रे।।
फूंक फूंक अरू छान छान के अपनो काज बनायो रे।
कर विसाहुंणा तुरतहिं "जगराम" को संदेश सुनायो रे।।

बटोही अब अपुने पटखोल

करि मधु सिंगार मरकटी नाचैं बजत सुहानें ढोल।
बरसत शशि रस सराबोर पंथ घरौ डगरि पग तोल।।
मनहारी चितवन छबि पुलकित कुचन वसंती रस घोल।
पयमुख उदर कूट घट अंतस्वमन उपरि सुधा अनमोल।।
अहि धौंकनी चलत मधुपगन मन मधुरस कोकिल बोल।
कंटक बीथि जरा किमरिया तनु घट कपाट कटि झोल।।
धनुर्तानि तीर हनि मूरख "जगराम" नहि दूजो मोल।

मूरख मन माया संग न जाय

जोरि रतन भंडार भरे बहुविधि तहू न तृषा उघाय।
नीर पियासो मृगा थार बिच संभ्रम फंसि प्रान गंवाय।।
जद्यपि अलि मरन निज जानहिं फिरहु मधु पराग तन खाय।
बरबस अति लिपटायो उर पंक जल जलद संग न जाय।।
जियन मरन भ्रम अहि पालि मन मिथ्या विपत संग विलगाय।
कनक कछार किलकत कामिनि संग छिनहिं बाढ बहि जाय।।
निशिदिन रवि शशि विस्मित सावन घन झपकत पलक विलाय।
भोर तुहिन कन अनमोल हीर मनि संकट पल छुपि जाय।।
चेति बटोही ठगी मुकुर हिया परछाईं विसराय।
सबै परायो मकर जाल "जगराम" कौ बांह थमाय।।

सुघर तन माटी सो गलि जाय

प्रीति की ज्योति जगावहु चहुंदिशि घिरना तममिट जाय।
दिनकर जैसो करौ उजियारो मुंदे नयन उझिकाय।।
राग द्वेष ईरखा रजनी तज भोर प्रसून मुस्काय।
सावन रसीली सुधा फुहरियां जरें हिया हरषाय।।
तुलसी बिरवा हर आंगन बिच अरोग सम्पदा लुटाय।
चंदन सम परहित निज तन घिस अंत भाल काल लजाय।।
विरथा कोऊ घरी नहि जावै फेरि जनम का पाय।
नर सेवा नारायण सेवा अटल व्रत हिये सुहाय।।
कन-कन कनक तन वलिहार सकल "जगराम" रस लगाय।

करम ही पूजा जगत महान

सकल पदारथ जग पावै गलै तन मूक हिम समान।
विजय श्री नित लेय बलैंया जानि जनि निशीथ विहान।।
उलट पलट मन शूल मधुर वदन रहत वसंत वितान।
करत चाकरी सकल भुवनगन हृदय आश सुमन मुस्कान।।
पुहुप नवत साष्टांग कदमतर अर्पित नव तन मन प्रान।
दिग्मंडल निज पलक बिछावत नित अपलक नयन बिवस्वान।।
बाती बिनु दीप चांदनी बिनु शशि रवि बिनु जग श्मसान।
पावस बिनु सावन, वसंत बिनु भावन, दिन बिनु अवसान।।
फल बिनु करम, धरम लक्ष्य परम, जगत मरम गीता ज्ञान।
सतत रगड़ ते अनल प्रगटै झट करहु अखण्ड गुनगान।।
दिव्य साधना वर आराधना "जगराम" करम कल्यान।

नाथ मोंहि तजौ न मंझधार

थाती सांची गहि चलि करन हट्ट डारि हिये तव हार।
षाप पुण्य की धरि शीश गठरिया बिलमें द्यूतहिं द्वार।।
पुण्य गमायो मधु रंगरलियन संग पाप जकरि सिर भार।
पांय पनहियां सोहें भाल भलि मरकट बिच संसार।।
जोर जतन अति जाने लगायके भटकत ठाठ असार।
चलत बेरिया सीख विसराकै नटि पै जनु बलिहार।।
उछरत डूबत भवंर उदर विच निज करनी दुःख अपार।
जित लिखूं तित अंधियारा "जगराम" दामिनि अब उषार।।

जपले हरी–नाम की माला

काठ मिलन ते उपजै आगी हिया चहत उजियाला।
वेष सुवेष निखिल हितकारी शुभ्र नवनीत दुशाला।।
प्रीति रीति परतीति अलौकिक सहज सुलभ विधु पाला।
झपकत पलक गलित मति यति रति चंचु स्वांति मधु झाला।।
नटि हठ झिर पट उघर वदन झट तरनि कंठ अमिय प्याला।
तज सकल, पग गहिं, नत सिर, अन्तत "जगराम" अंत रसाला।।

सजनी सावन रीतो न जाय

रुचि रुचि नख शिख साजि संवारौ गात हिलोरें खाय।
सिहरन शिशिर सी रोम प्रणय रस शशि मुख पावत नाय।।
बैरिनि सीरी चपल फुहार उर दाह रही सुलगाय।
मृदुल किसलयी पल्लवित मधुतन अवसान पंक विलखाय।।
उन्मादिनि चंचल 'चपला निर्झरिणी' गागर सिंधु समाय।
हेरत गैल नयन पथराये सुघर तन पीत सुहाय।।
सांझहि अपलक पिया झलक इक सौति उषा गई आय।
कोटि जनम चरनन की दासी सुधि कबहुं निकरि न पाय।।
छिन उछाह छिन दाह वियोगिनि व्यथित छिन छिन पछिताय।
दरस पियासी प्रणय हुलासी प्रियतम उवारो धाय।।
सावन सजल सूझि रस न "जगराम" उत अंत सहाय।

सबहिं सौं बोलहु मीठे बोल

कारी पिक सुर हिया सुहावन तहू मुख करत किलोल।
हिय कुंजन, मन रंजन, मधु गुंजन मधुप लय नाही मंझोल।।
कवल धवल नवनीत सरिस रव तोतली कण्ठ मरोल।
मधुरस पागै लगै अमरित सम जोरहि चटके चोल।।
महकत वंसुधरा तन ओढ़त वासंती चीर सिरोल।
स्तब्ध निशीथ उर सींचत निर्झर कर कल-कल नाद तिरोल।।
जाहीं सो सब जुरत परसपर लसी चिपकनी गिलोल।
टूटत जरत मरत सुधारस बिनु उपजहिं सांझ मलोल।।
मधु बचि संजीवनि तरनी अघ "जगराम" बान अनमोल।

रटोरी रसना नित हरि नांव

तरुण तरनि लपटन सों विकल भावत प्रुम सीरी छांव।
चंचल मन कामी मूरख नरा धम तव पावत न थांव।।
तुष्टि चाटि विष्टा गलियन उड़ि गाल बजावत कांव।
जर्जर जरा पात न झरा सूखे हांड़न हरित घाव।।
लटकत डारि छांडत मिटै दुख मन वसि रसालहिं चांव।
व्यर्थहि आस, वास, रास तज पिरान पियासो यम-गांव।।
अंध कूप हिय शूल मुख तृन बिछौना मूढ़ि न धरि पांव।
पावस नीर बिनु फढ़त हियो "जगराम" सुधा कौ ठांव।।

चलो पग अब संतन के तीर

बटत विसात चरन सरन ढिंग कामधेनु मधु क्षीर।
हेरत वाट लखिव सबै विराने समुझि अनाथन चीर।।
जर्जर कर शशि क्लांत तन भ्रांति पथ सिरात सन्निकट भीर।
जद्यपि तरपत घोर सपन घिरि जगत मिटत तबाही पीर।।
करका मन का छांड़ि ढोंग विधि मरमविंध तजरट कीर।
अलप शेष अवशेष वेषतन राजत संगत रज वीर।।
अमात सुमगतन रन गाढ़े घन पग विन फलहि न वीर।
दमकत दामिनि सावन घन विचर जैसेहुं रगड न हीर।।
त्रिविध ताप दुसह विधि आतप "जगराम" मीन मुख नीर।

नाम की महिमा अपरंपार

सतत रटत शठ सुधरहिं क्षिन महुं बनत नर ते करतार।
जोई निज तज भजत हरि रज तेहि डसत न अहि संसार।।
प्रसून समान तिरत भव तरनी नेकु किरपा उद्धार।
मैं मारगु अटकन आवत जबहिं तजत तरत मंझधार।।
तिरत शिल अथाह जलधि उदर पिरभाव सुभाव अपार।
टरत विपत घन दामिनि लखि जनु मिटत व्योम इंद्र कतार।।
शोणित तैल, दीप तन, पिरान वर्ति छवत बेलि शृंगार।
सुभग वसंत अनंग अंग-अंग धवल पावस सलिल अवतार।।
कनिक रगड़ कनि का शंकर जबहिं सकल करत बलिहार।
हंसत जगत कोपत मिटरत "जगराम" नाम बिनु असार।।

दरसन बिनु लगत जगति असार

भरे उदर कहुं ठौरि न आंतरि तिंहु मन ललक आहार।
क्षुधित उदर तन थकित न सूक्ति मन हरियल विपिन विहार।।
मलिमलि धोवत मैलि न छूटत न पावत कमरि निखार।
पलकन ललक, अनल उर धधक क्लांतमन एकटक निहार।।
हरत पंक करत निर्मल तन सांचो मीत सुहात सिवार।
उलीचि तड़ाग छूटत बंधक गन बुनि उजियार निवार।।
जसउर भगति सोई तस पावत नहि गुन फलत लिलार।
क्षिनमहुं ढ़हत रेत अटारी साधत नहि जगत दिवार।।
अपलक निरखत विलव आड़ तर जनु क्षुधित मरत सियार।
मिलत आनंद कटत फंद "जगराम" की जब बजहिं सितार।।

अखियां दरसन बिना उदासी

घटत दिवस कटत पावस चंचल रैना आजु उपासी।
ढूढ़त थकत रहत भ्रम तनक उठत हिय हूक रुआसी।
पावस संग डसत भुजंग ग्रसत शुभ्र अंग सौतिनि सुवासी।
मद-नद चूर उन्माद अपूर छकत नहि रहत पियासी।
छलकि सरवस रोमांचित रस नवांकुर सुभग हुलासी।
जरन सहत आह नहि भरत हेरत लाचार तवा सी।
लयकर निकर रोवत भ्रमर निश्चल चंवर निस्तब्ध टका सी।
नहि कटु मधु विस्मित भलि विधु बहावत नीर अबला सी।
नयन फिरत पलटत जुग गहि भुज तजउ न मानि बला सी।
आस चरन रज विनास सरन "जगराम" शुभ सुखरासी।।

नाथ नहि लगत जिया यहु ठौर

तजत नीर जिय चाह नहि क्षिनभर भखत भीन नहि कौर।
गरम उसासें सिरात ऋतुवर बिनु विटप न धरत मौर।।
ठाढ़े अखरत जरत वियोग रति करत मसखरी सौर।
गुचति सूलि डासति त्रिसूलि पैनि उखरी शीशहिं गौर।।
फड़-फड़ात बिनु पंख पंथ धुनि हंसत जग मानि मोंहि बौर।
कुटुंब-विराने चीथहिं गात जिन सीधहिं वचहिं न पौर।।
उझकि पसार कर ऐंठत गरदन आस नहि एकहु झौर।
सूमी को धन बटही खावतु जिमिहि जोरत मधु भौंर।।
धन्नी गिरत महाजनु दौरतु "जगराम" न चाहत और।

नयना पथ हेरत पथराये

हंसत अयन बरसत क्षुधा घन अजास मुकुर बगराये।
व्याघ्र फांसि कसत जोरि गांसि निमेष शेष घिघयाये।।
मुई खालि बजत मृदुसर निकरत जिंहु अजा मिम याये।
फूलत तरुनी भलि समरथ क्षिन सूजि गुचत पिचकाये।।
पकि न संकत झरत बातन भंवर सूलि उपरि गुदवाये।
घुमड़ घहर घन उजरि सूखि तन लखि महि रति सकुचाये।।
फफकत नैन बैन भभकत नित रिस-रिस गति टपकाये।
कारा बिंध चलत सिर आरा तहू पारा दरसाये।।
मिथ्या राग घरीक इक राजत जनम जनम तरसाये।
उजरत नीड़ बिछुरत भीड़ मिलि जरत काठ लिपटाये।।
जानि सरबस नाहक वक "जगराम" दीनहि थपकाये।

कालहिं सीसु गहे कसि भारी

अगल बगल यमदूत गसहि दुई खण्ड खण्ड करि आरी।
सिगरो बलु थक्यो मलि मुख भयो वेसुध मैं अब हारीं
अमान सजहिं जिहिं आंगन स्वान समुझि लई रुचि थारी।
उजरो विगरो सनो कीचर संग न भातु जिय कारी।।
भारी बोझि जलधि तर तरनी लंगर उठत न डारी।
कुदिन घरि ज्वार अहि लीलत निवल असक्त सकत न टारी।।
बेसक हनत लक्ष नाना जतन उपल गिरत सिर छारी।
कोटिन तिर विमुख कछारी समरथ पारन कौ सारी।।
नाना विघन विहंगम बाना परस सानि कटु रवारी।
झरे पात गरे दर्प "जगराम" यहु भंवर सौं तारी।।

उघरहिं अंत नहिं होंहि सखी

नाना भांति पलास जरत मुख जनु अनल अंगार चखी।
परिहरिहिं व्यंजन मधुरस पाग खन मूक नहिं कहत भखी।।
निवला कूक सवहिं कै चेरी तपसिन जरि झलक मखी।
कूपहि खनत सनत चौरस जौ चहत अंकुज तौ लखी।।
बंधत हुरत संशय भीत मन पन्नग चकित लखि मोर पखी।
बरबस ठूसहिं संकरि काल मुख स्वारथ छांडत न उखी।।
कतरत शयन पर ज्वाल पुतरि भरि पग चगी टंगी बखी।
थार विजन रन विकल मिरगा मन जितहिं लखि उतहिं रूखी।।
आस फिरत गगन सजन ठिया पसरी, पथ गठरी रखी।
दुकहिं छांह जबहिं निकरि मेघ "जगराम" कौ धाम सुखी।।

तिसुना कबहूं ना हि अघाई

झुमत बेर फटत तन कादिलि वास न घरी सुहाई।
मिलि जुल भरत न पेट मूरख मृग जाति देखि गुर्राई।।
काजु आपुनो बनहि न दूजहिं फिरत जगत बौराई।
थोरेउ अंबु बहु गादलि सर घुसि अमा दीप जराई।।
स्वारथ पूरि करन कौ आतुर खलु विधुरारि मचाई।
निरखत जरत तिरनि गगन पथ भंवर बैरि बस डुबाई।।
पाछिलि सुधि नित रहत हरित मन रूज घुन गुदरि नसाई।
दाया दिय न जरै मीत कौ तकि रह्यो चाल फंसाई।।
मोह न सुत भखि जिहुं सर्पिणि "जगराम" मझधार सहाई।

डगरिया लागि पिउ बिनु सूनी

जैसइ महि हिय क्षुधित नीर बिनु तैसइ संत बिनु धूनी।
सजत न चौरस पुजत न गोरस रहत तनक तन कूनी।।
सुख दुख दोउबिच रहत सयानो जिमि भानु भट खूनी।
पोषत अंग-अंग जननि हिया बन बढत विरह बिनु चूनी।।
बंधहिं न खोटि डोर काटै बिनु धरउ सजा सबुपूनी।
नदिया नारे जबहिं जलधि मिलत 'मैं' मिटहिं जरि भूनी।।
भसम भयो कंचन सौं पीजंरा काटत सेजा लूनी।
अंबर अवनि पाट पीसत "जगराम" तुम्हहिं अब थूनी।।

बदरिया भोरहु लगि न डटी

भटवारे उफनत किनोर तरें हरित परत नहि पटी।
क्षिनक्षिन आंगुरि भरि घट रीतत छलकत अंबु-रोष घटी।।
असगुन भारी सगुन दुखारी सुर तानत तानि फटी।
भरि छलांग उड़त मलंग नभ कर डोर भोर की कटी।।
विमल वघूरी रोवत बंधि खूंटी बरसन जुगति हटी।
रिमझिम परत फुहार तुषार बन पूनम छटकी छटी।।
लडखडात सूर कूपफन मुख झोंकत तृन समुझि भटी।
लयवेलि कुम्हिलात प्रयाण कहु राखत नहि प्रान वटी।।
लचत लाज सिख गिरत गाज हिय जनु अचली बुकति लटी।
मिथ्या उमगि दुति द्यूति तरंग "जगराम" हौं तव अब तटी।।

इरखा कबहुं न मीत सुहावै

उजरत कुल उपजत शूल जनु ध्रुव बनि धूनी रमावै।
टूटत पुल कुटुंब कसिपु मुनि भ्रातहि दोउ साखि जरावै।।
तजहि अवध सुत मरहिं नृप कोसत केकि न हिय अघावै।
कंचन लंका जरि राख भई वपु कुबेर हाय डुबावैं।
पावत ब्रहमपद गाधितनय तब, जबै जासौ पिण्ड छुड़ावै।
परत पतझड़ जबै बसंत गृह बालि सिर डारि लजावै।।
डसत नागिनि ग्रसत दामिनि लेप प्रान तंहु न जुड़ावै।
पावस पलक बढ़त सलिल सरि लीलि मुख तबहिं सिरावै।।
बनत नहिं काजु एकुहि जिहिं हाथन खंदक डगरि खुदावै।
प्रेमबीथि बिच सर घिरना कै मारगु दिया बुझावै।।
अब अनाथ विकल मन भ्रम "जगराम" बिनु पीर न जावै।

प्रभु यहु तनु पारसु बनि जाई

तव किरपा फलहिं अचर चर करहु गिरि भांति यहु राई।
सबहिं हरत दारिद्र अनल मुख लगत कोटिन सम पाई।।
जर्जर गात न टिकत लात महि सूझि दिन निशि झाईं।
रपटत धरत पग जीतत न जग नीर नीड़ धरि काई।।
सकल धोय करहिं कंचन तन जौ आयसु सेवकु नाई।
पलक न ओझिलि ललक न बोझिलि बनहुं तात कै दाई।।
जिनि रावन खोदिहि संतन पथ पाटि भरहिं विष खाई।
बनहुं पथु खंभु भव सागर बिच कहौं, न धसौं, जिहि ठाईं।।
जियहुं न पलभर अंधियारी निशि लगौं तोरि हौं छाई।
मल मुख सनी पुनीभाती "जगराम" सुतन्हि कै माई।।

छमहुं! नाहि कबहुं विसराऊँ

कबहुं न नेकु करिहि आजु तक कवन विधि दास कहाऊँ।
रसना भूलि तोहे जनमभर लगै लाजि का गाऊँ।।
मैं नहिं तजो सिर झुको नहि नाहक बलु आजु नवाऊँ।
चंचल मन रूप धरो न चित न बलु बांधि बेगि घिराऊँ।।
काह करौ तेज नहि मोरे अवगुन कस सिंधु डुबाऊँ।
मोहि ठगो इन सबहिं मिलकै करहु किरपा जिन दुराऊँ।।
सिब जनम बिगरो बातन तव झलक तै अब न छुपाऊँ।
घट तन भरो सकल दोषन्ह तै का धरि वाहि ढकाऊँ।।
कालकूट भरि उड़ि जलद घट किंहि डगरि कूल गिराऊँ।
कृश तन जरि आस ठुण्ठ खाति लात कहुं दरदु टपकाऊँ।।
जनम अमोलि बहुति छल्यो "जगराम" तिर डोर गहाऊँ।

मन की तरंगु मारि लै, बस हो गया भजन

तन पांचि मिलि झूठो गढ़ो माटी कौ भवन।
सिगरो झरो, उजरो फरो, जबु बगरो पवन।।
चहकत तरु पातन बिरथु चारि दिनु कौ मगन।
झकझाँरि तन झकमारि मन परबु कोटि जतन।।
क्षुधितु तिसुना, कुदित रसना, तपसि निर्धुन्ध लगन।
दौरि उलीचु धाम बावरो नवनीत वदन।।
कूट कर्कश सीर लसि, लसे जिहु कंटक बचन।
चाह कै छांव छिपी दुलहिनी कौ आत्म हवन।।
ललक भरि गोदु उपासी ललन कै छबि दर्शन।
त्रिविध ताप उडगन मलिन "जगराम" तरु शरन।।

जगत सबु देखत लगत विरानो

कहर मेघ घहर अहिनि कुटिल मन चहुंदिशि बुरो जमानो।
विकट अंधिरिया सूझि न विरिया गैल न अगम भुलानो।।
खात थपेरैं सरपट भटकत कनक मुख लगत सुहानो।
तीर कुपंथु वसंत रीर बिनुहिं कीचर उदर समानो।।
कंठ फासि मधु चाव जिउ बड़ि उलटि हांसि तहू लुभानो।
बरबस बीतु सीतु सयानो सरगु दुरि दुइ डग मंझानो।।
झरे पीत पात सुहात न गात, लातन परत हिरानो।
भीर अपार पीर धीर उजार आठि पहर अकुलानो।।
धूरि झारि खुमारि उतारि वारि सूर ठाढ़ो लजानो।
जहं लगि पलकि ललकि झलकि "जगराम" सो कोउ न सयानो।।